引导式管理
打造持续成长型团队

芭蕉◎著

机械工业出版社
CHINA MACHINE PRESS

这是一本为身处数字经济洪流的管理者准备的书。第一部分从数字经济时代，企业面临的机遇和挑战出发，剖析了管理者在领导力方面要做出的全新转型和改变。作者提出了GREAT成长心智模型，该模型通过五个维度可以帮助管理者实现自我思考和转变，并提出了引导式管理的理念。第二部分在引导式管理理念的驱动下，作者提出了管理者需要掌握的几大核心技能，它们是一套有助于团队进化和成长的能力。第三部分重点分享了共创会的操作方法，这个部分以新任管理者组建团队作为起点，围绕其融合新团队、推进战略落地、全面深化合作和业务进化等阶段，还原了16个典型场景。管理者可以直接应用其中的工具和方法，轻松打造一个引导式的共创会，从而解决各种场景下的团队管理问题。

图书在版编目（CIP）数据

引导式管理：打造持续成长型团队 / 芭蕉著.
北京：机械工业出版社，2025.4. -- ISBN 978-7-111-77891-2

I. F272.9

中国国家版本馆CIP数据核字第2025QZ7513号

机械工业出版社（北京市百万庄大街22号　邮政编码100037）
策划编辑：赵　屹　　　　　责任编辑：赵　屹　戴思杨
责任校对：王荣庆　张　薇　　责任印制：任维东
北京科信印刷有限公司印刷
2025年5月第1版第1次印刷
169mm×239mm・16.25印张・3插页・221千字
标准书号：ISBN 978-7-111-77891-2
定价：69.00元

电话服务　　　　　　　　　网络服务
客服电话：010-88361066　　机　工　官　网：www.cmpbook.com
　　　　　010-88379833　　机　工　官　博：weibo.com/cmp1952
　　　　　010-68326294　　金　书　网：www.golden-book.com
封底无防伪标均为盗版　机工教育服务网：www.cmpedu.com

自序
PREFACE

这真是一个充满挑战和机会的时代，日新月异，精彩纷呈！

2025年2月初，当国人正沉浸在迎接乙巳蛇年的喜悦中时，世界科技领域迎来了一项重大突破——来自中国科技企业潜心研发的DeepSeek AI（人工智能）大模型震惊全球。作为非专业人士，我虽不能深入解析其技术细节和优势，但其影响力从全球科技界、企业界乃至金融界的连锁反应可见一斑。这一成就无疑证明了中国企业在国际舞台上的实力和崛起。作为一名长期致力于企业团队发展和人才培养领域的工作者，我感到由衷的自豪和兴奋。我知道，还有很多已深耕多年的中国企业会在不久的将来迎来爆发机遇，也会有更多的中国企业加入这个创新的浪潮中来。

为何创作此书

在我二十多年的职业生涯中，我有幸以培训师、引导师、组织教练和咨询顾问等身份参与各行各业的企业发展中。在帮助企业解决一个个发展和成长问题的同时，我得以从不同角度观察和体会管理者面临的挑战和压力，当然也见证了很多榜样和典范。正是基于这些难能可贵的观察和经历，我萌生了撰写这本书的想法。希望通过这本书，我可以将从诸多管理者身上获得的启发、学到的经验，总结分享给更多的人。

这本书讲了什么

在改革开放的40多年里，中国企业经历了飞速发展，管理者也在不断成长。从先前强调"计划控制，考核纠偏"来保证标准化和效率，到侧重"描绘愿景，倡导鼓励"来激发员工的内在动力，再到现在强调"开放引导，多元整合"来保持组织的敏捷和成长性……管理者的进化之路似乎永无止境。曾经有一名我的学员，迫切地问了我一个问题："芭蕉老师，管理者到底有多少个能力项？100个，够不够？"是啊，到底有多少个能力项？有多少个才够？我意识到，AI时代的管理者可能需要的不再是一个明确的能力清单，而是一套底层的逻辑和稳定的方法。这可以让管理者在瞬息万变的环境中始终保持稳定的内核，从容应对各种未知挑战，进而带领团队持续成长。

GREAT 成长心智模型

这是一个可以为管理者以及整个团队共享的心智模型。相比起具体的技能，这套方法更加简单。

Get 汲取信息——广泛地汲取各种信息，接收多元化的声音和意见。

Reflect 反思现状——客观地分析各类问题，采用科学的方法进行归因和溯源。

Explore 探索新机——面向未来，全面探索潜在的机会和可能性。

Assimilate 整合策略——基于目标，整合筛选各种方案，排列优先级。

Transform 转化行动——联合团队伙伴和相关利益方，推动想法的实现和落地。

遇到任何发展上的问题，我们只需要调动 GREAT 成长心智模型，沿着"汲取—反思—探索—整合—转化"的路径行动，便能找到更多的解决方案。答案是什么，眼前或许未可知，但只要采用这个方法，必然能找到更好的答案。这种确定性将成为管理者最有力的武器。

引导式管理者的核心技能

想要充分发挥 GREAT 成长心智模型的价值，管理者还需要一些核心能力的支撑。

提问是发掘信息的关键,它决定了我们获取答案的性质。通过提出多元化的问题,管理者可以收集到多角度的信息,而善于提问无论是对于自我探索,还是对于与他人互动都显得至关重要。

倾听则考验着我们吸收信息的能力,尽管它应该是人的本能,但随着我们工作和生活阅历的增加,真正做到全然倾听却变得愈发困难。听不进去,就无法与更多的伙伴产生连接。

团队共创会是现代管理者面临的新挑战。很多时候,我们要通过开会、群策群力地去共商方案。这个场景下,如何有效激发团队的智慧就成为管理者的新课题。

引导技术是帮助引导式管理者转化行动的利器。在共创会这种一对多交流的场景下,必然会遇到信息量大、人多且观点有差异的难题,这个时候就需要引导技术来整合信息、澄清分歧、促进共识。

结构化思维则是贯穿提问、反思、分析、整合、决策等环节的基础。经验丰富的管理者往往具备丰富的结构化思维框架,以便在面临不同问题的时候随时调取和参考。

本书的特点

场景化:为了让读者有更强的代入感,本书列举了大量的场景和案例。无论是对倾听、提问等核心技能的演绎,还是对经典管理模型的解析,本书都通过具体的管理场景来展开。本书第三部分实践篇更是通过一段完整的团队进化旅程,还原了管理者从"接手新团队直到团队变强大"过程中所要经历的4个阶段和16个典型场景。

工具化:书中特别用心地做了工具的提炼。提问的话术、引导工具的操作、结构化思维的应用、团队共创会的流程等无一不强调最终的实用性和可复制性,力求读者看完即可使用。

可视化：书中延续了图文并茂的分享习惯，为全书绘制了近百幅插画。在文字的基础上，让内容更加有趣、生动，帮助读者更好地理解和记忆。

本书不仅适合企业管理者阅读，同样也适用于企业人力资源部门、培训部门等专业人士学习，对职业的培训师、引导师、教练和咨询顾问等也有借鉴意义。希望每一位读者都能在这本书中得到对自己有帮助的内容。我愿与大家一起见证在这个伟大的时代里中国的企业家和管理者变大、变强！

芭蕉

2025 年 2 月

目 录
CONTENTS

自序

第一部分 理念篇

第1章 管理者进化新主张 003
从 0 → 1.5 → 2.0 的管理进化之路 003
数字化催生管理 3.0 时代到来 006
三代管理模式的差异 012

第2章 GREAT 成长心智模型 014
GREAT 是什么 014
GREAT 成长心智模型案例 017
团队共享 GREAT 成长心智模型 022

第二部分 技巧篇

第3章 多元化提问 027
好问题胜过好答案 027
提问进阶第一级：从封闭到开放的问题 028
提问进阶第二级：从过去到未来的问题 031
提问进阶第三级：从当下到更多的问题 033
提问进阶第四级："如果……还"的问题 034
基于 GREAT 成长心智模型的自我设问 040

VII

第 4 章　深度倾听 043
倾听的三个层次 043
深度聆听的 3F 及探寻追问 049

第 5 章　团队共创会 058
团队共创会 058
共创会的引导师 060
共创会的设计与引导 062
共创会的场域搭建 073
O-GREAT-E 共创会全景路径 081

第 6 章　引导技术及工具 086
引导技术的起源和定义 086
常用的引导工具 087

第 7 章　管理中的结构化思维 115
科学管理依然是基础 115
战略规划的八个理论模型 116
变革创新的八个理论模型 129
团队建设的八个理论模型 142
知人善任的六个理论模型 155
业务分析的八个理论模型 164

第三部分　实　践　篇

第 8 章　团队融合 180
场景 1　组建新团队 180
场景 2　新领导融入 184
场景 3　收购 / 兼并团队 188
场景 4　文化价值观再塑 192

第 9 章　战略落地 198
场景 1　业务（战略）规划 199
场景 2　战略分解落地 203
场景 3　解决业务难题 206
场景 4　复盘总结 210

第 10 章　深化合作 215
场景 1　项目协作 215
场景 2　冲突处理 219
场景 3　知己知彼 223
场景 4　跨部门协同 227

第 11 章　业务进化 233
场景 1　最佳实践萃取 234
场景 2　产品创新 238
场景 3　变革转型 241
场景 4　业务创新 246

第一部分
理念篇

本书的第一部分，首先提出了两个核心的理念——引导式管理和 GREAT 成长心智模型。

第 1 章重点分享了三代管理模式的变迁以及引导式管理的优势。改革开放 40 多年的时间里，随着经济社会的发展，中国企业对管理的认识也经历了几次改变。从最初的不重视管理，到注重计划、控制、纠偏的刚性管理，再到关注激发、倡导、鼓励的柔性领导……中国的管理者们越来越职业化和专业化。到了数字化和人工智能蓬勃发展的今天，企业管理者的领导能力也面临新的要求。以启发、赋能、引导为核心的引导式管理更能适应环境的快速变化，更能调动团队伙伴的智慧和力量。

第 2 章提出了 GREAT 成长心智模型。在引导式管理的驱动下，管理者们需要重新修炼领导技能。但是在充满变化的时代，与其逐项练就确定的管理技能，不如建立一种更底层的心智模式。GREAT 成长心智模型就提供了这样一种模式，它通过"汲取信息—反思现状—探索新机—整合策略—转化行动"的行动路径，为管理者们提供了一个全新的管理思路，从而引导团队持续进化和成长。

第1章
管理者进化新主张

从 0 → 1.5 → 2.0 的管理进化之路

从 20 世纪 80 年代初到今天的 40 多年时间里,中国经济经历了翻天覆地的变化。伴随经济腾飞一并提升的还有中国企业的管理水平。作为 20 世纪 70 年代末 20 世纪 80 年代初生人,芭蕉刚好是这轮发展的同期见证者。2000 年以前,我以学生的身份感受到中国企业生产管理能力的崛起,日益丰富的商品、精良的制造品质、周到的客户服务、鲜明的品牌理念等都折射出持续提升的企业管理水平。2000 年后,我成为中国经济大潮中的一名生产参与者。因为先后在房地产、IT(信息技术)、互联网等企业里从事培训、人才发展和组织发展等方面的工作,使得我有了得天独厚的机会对不同业态的组织、不同阶段的团队和不同风格的管理者进行接触和观察。我认为在这 40 多年里,中国企业的管理理念实现了以下几个阶段的跃迁。

0 时代:不重视管理的阶段

20 世纪 80 年代伊始,中国的企业还没有完全摆脱计划经济体制。国家经济结构以公有制企业为主,私有制企业和外企非常有限。

企业经营的特点:企业管理主要依赖国家的计划指令,品类、产量、价格、经营目标和销售方式等都由国家统一安排,经营所需的资源也是统一调配，利润上交国家。

团队状态：员工流动性低，报酬和贡献的关系不强，强调奉献和集体主义。平均分配和"大锅饭"的机制遏制了人的主动性和创造性。组织效率低下，企业资源浪费严重。

管理风格：因为生产目标和计划都是顶层安排好的，管理者们不太需要做分析和决策，也不需要为经营成果达标与否操心，只需要保证质量，完成生产计划就好了。管理者的绩效跟企业经营状况没有必然联系，所以管理较为简单粗放。

那时的企业更像大家庭，彼此靠感情和奉献连接，没有明确的责任边界。可以说，这个阶段的企业和管理者们并没有建立起科学管理的意识和能力。

1.0 时代：刚性管理的阶段

随着改革开放的深入，中国企业逐步从计划经济向市场经济过渡。国有企业改革加速推进，大量民营企业也应运而生，外企纷纷进驻中国。产业结构升级，全面迈向工业化。同时，轻工业、纺织业、来料加工、电子装配等劳动密集型产业蓬勃发展。

企业经营的特点：自主独立经营，自行决定生产规模、产品类型、定价和市场开拓策略等。关注市场需求，追求利润最大化。因为竞争加剧，所以促使企业不断提高效率和产品质量，逐步重视人才的管理和培训。

团队状态：员工的收入与贡献水平挂钩，打破了原有的"大锅饭"现象，形成了内部的竞争氛围。专业化的分工也促进了彼此的合作与协同，各岗位的定位和责任边界清晰明确。员工注重技能提升和晋升发展。

管理风格：企业的管理者们开始通过科学的数据分析做判断和决策，时刻关注经营目标的达成情况。他们还关注过程和细节管理，不断优化流程和分工。强调标准化和专业化，企业产品和服务的质量逐步提升。规范化的管理、透明的绩效考核制度也使得员工的工作效能得到了大幅提升。与此同时，国外先进的管理理念逐渐进入中国企业的视野，如泰勒的科学管理、德鲁克的目标管理、ISO 9000 质量管理、精益生产等。

这个阶段，企业成了一个有目标、有分工、有合作的正式组织。绝大部分的管理者们已经有了科学管理的意识，管理的方法都是相对标准和刚性的，注重从上到下的计划、控制过程、考核衡量、纠偏回正，处理意外和风险等。

2.0 时代：柔性领导的阶段

随着中国加入 WTO（世界贸易组织），中国企业开始全面与世界接轨。加之科学技术、电子信息和互联网等技术的飞速发展，我们的业态更加丰富，房地产、电子商务、服务业、IT 等产业如雨后春笋般涌现，市场更加多元化。

企业经营的特点：注重客户和消费者的需求，产品和服务的开发以市场为导向，追求利润最大化。国内外竞争加剧，迫使企业不断提高核心竞争力，对品牌建设和传播投入得更多。逐步建立完善的企业制度、组织结构和人才管理的体系。

团队状态：随着企业业务复杂性的增加，团队分工更加细化，同时跨部门协作和项目管理变得频繁、紧密。企业普遍采用了绩效考核体系，将个人和团队的贡献与激励挂钩，员工的工作热情和创造力被激发。企业的创新和竞争更加激烈，人才成为重要的资源。企业通过营造良好的环境、提供系统的学习和培训机会等吸引人才。

管理风格：享受了改革开放后第一代教育红利的 20 世纪七八十年代出生的人开始走向管理岗位，他们拥有更强的学习和思考能力。相比第一代的精确、标准、有序的科学管理，这一代的管理者尝试摆脱刻板的方法框架。在分析、决策、设定目标时，他们会根据竞争环境做调整。对人的管理也因人而异、因势利导，把人视作资源而不是生产工具。

这个阶段的企业成了一个有愿景、有使命、有目标的团队。管理者们不仅有管理的意识，还关注灵活性和以人为本，管理风格也相对柔性，更注重勾勒使命愿景、营造组织氛围、鼓励创新、激发员工潜能等。

为什么有 1.5 时代

历经 40 多年的发展，可以说中国的绝大部分企业都建立起科学的管理机制和管理理念，实现了从"不注重管理"到"刚性管理"的 0 到 1.0 时代的跨越。根据 2024 年《财富》世界 500 强的数据，中国共有 133 家公司上榜，总量位居各国之首。这其中不乏中石油、中国移动、中国联通这样的央企，更有华为、京东这样的民营企业。

可能正是因为体会到了科学管理带来的好处，我们的很多管理者还没有完全实现从刚性管理向柔性领导的跃迁。一方面是因为相比标准化、有迹可循的科学管理而言，柔性领导跟管理者的个性、经历、价值观，跟企业的文化、环境和员工特质等都有关系，难以复制和习得。另一方面，现在企业中大部分的管理者还都是中基层，组织层级和分工决定了他们较少参与企业的愿景勾勒、决策制定、目标规划等关于大方向的管理活动中，更多的是分解、计划、监督和执行。这也使得他们没有足够的机会去实现从刚性管理向柔性领导的跃迁。所以，只有一些大公司的高层、新兴小组织中的管理团队拥有更灵活的柔性领导的特质。

综上，我认为中国企业的管理者到目前为止基本只实现了 1.5 个代际的跨越。

数字化催生管理 3.0 时代到来

企业经营迎来新契机

时代的车轮滚滚向前，我们的管理者还没能按部就班地实现 0–1.0–1.5–

2.0 的进化，数字经济的洪流就已经涌来。随着互联网、大数据、云计算、区块链、人工智能等技术的发展，数字化转型已经成为当今炙手可热的关键词。今天，各行各业都想乘上数字化的东风，寻求新一轮的发展契机。有些企业如果数字化进程顺利，还能实现非常规的弯道超车。的确，数字化技术的加持为企业的运营、生产、管理等方面都带来了诸多变化和益处。

生产效率增长：信息技术的应用，实现了生产流程的自动化，减少了错误和损耗，提高了生产效率。在客户服务、供应链等方面实现了智能化管理，更加便捷和高效。

客户体验提升：借助数字化手段，企业能够直接与用户、客户互动，收集需求，定制产品和服务，打造更加个性化的用户体验。

合作竞争加剧：数字化技术提升了信息的透明度，也缩短了企业间的差距。为了争夺市场，企业间的竞争更加激烈，不同业态的企业更加深度合作，寻求资源和价值共享。

组织形式灵活：数字化技术使信息可以快速直达底层，让组织结构得以扁平化。远程工作技术的普及，也使得异地交流变得简单。这些都提高了组织效率，扩大了人才配置的空间。

创新迭代加快：数字化技术拉近了企业与市场的距离，使企业可以更快获得市场反馈。为了快速适应市场需求，企业会大大加快产品和服务的创新迭代速度。

团队面临新状态

在数字经济的席卷下，我们的团队和组织也呈现出了不一样的格局。

多元与包容：团队构成更加多元化，包括不同背景、技能和经验的成员，有效促进创新和解决问题。

扁平与透明：组织结构扁平，信息开放透明，提升了决策速度和响应市场变化的能力。

敏捷与灵活：更多采用敏捷工作方法，跨部门合作频繁，促进知识和技能的交叉融合，提升了工作效率。

分布式工作：数字化工具支持远程协作，成员可以在任何地点工作，拓展了人才获取的途径，提升了沟通效率。

自我管理与赋能：员工被赋予更多的信任、自主权和责任感，提升了自我管理和成长的意识。

管理者的窘境

数字化的推进犹如一把双刃剑，企业在享受数字化益处的同时也遇到新的挑战，首当其冲的就是我们的管理者。尚处于 1.0 到 1.5 时代之间的管理者们，还没有来得及进化到 2.0 时代，又在数字化转型中遇到了新的课题。

我们先来看两个案例，去感受管理者具体面临的场景和问题。

案例 1　严格遵循计划的秦奋

秦奋是一家精密仪器制造公司的项目部经理。为了确保项目的顺利推进，他为每个项目都制订了详尽到每一天的工作计划，把设计、测试等环节都落实到团队的工作计划中。他早晨开早会，晚上开晚会，跟进每个人的工作进度。任何偏离计划的行为都会遭到他的质疑并采取纠偏措施，以确保项目始终不偏离预定轨道。起初，团队成员对秦奋的管理风格还是理解和接受的，毕竟他的经验丰富，这么做确实让很多工作都得到了保障。但是最近，在一个新产品的开发上市项目中，他的管理方式受到了质疑。设计师李明提出了一个可能缩短产品开发周期的新思路，但在讨论时，秦奋以"不符合原计划"为由予以否决；软件工程师赵霞在尝试优化算法以提高设备性能时，也因为"未经批准擅自改动算法模型"受到了批评。大家渐渐感到，他们的工作变成了机械地执行命令，没有创造和改变的可能性。哪怕是已经看到新方法的潜力，已经听到新的市场需求，依然要恪守过去的经验。尽管项目按计划推进，但团队士气明显低落，大家除了各司其职外没有热情和担当。最终，产品按时上市了，但并未像预期的那样引发市场轰动，反倒是竞争对手凭借更加创新的设计抢占了市场份额。为此，公司高层对秦奋的工作颇有不满，认为他们错失了一次机会。秦奋很郁闷，明明已经竭尽全力了，也按照目标和计划去做了，到底输在了哪里？

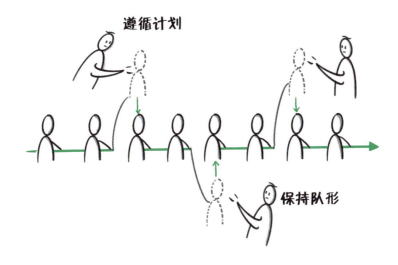

案例 2　高度把控安全的严静

天启科技是一家在新能源领域快速崛起的初创型企业，以其尖端的技术和产品在市场上占有一席之地。严静是天启的人才发展部总监，她深知公司人才数据的重要性，比如薪酬结构、人才 MAPPING（地图）等，一旦泄露就可能会造成人才被挖角的损失。因此，她采取了非常严格的信息管理机制，以确保所有关键信息安全。对内，几个分管下属只能拥有一些片段信息，整体数据都要由她来整合，即便是团队内的高级经理也无法直接获取完整的工作所需信息；对外，其他部门即便是想要提取常规的数据也需要经过她的审批、整合、输出才能完成。这样做的初衷是确保信息的准确性和安全性，但却大大降低了信息流通的效率。团队成员也因无法及时获取完整工作信息而感到束手束脚，甚至感到不被信任。最重要的是，严静自己也因此忙得焦头烂额。

严管数据

秦奋和严静这两位管理者应该是当今很多管理者的缩影。他们训练有素，善于控制计划、跟进执行、管理过程、及时反馈、保护信息、建立机制……但是，在信息高度透明，一切都在提速的数字化时代，他们的管理方式就有点"用力过猛"。

3.0 时代：弹性引导的阶段

显然，数字化给企业的经营和团队带来了变化，那么管理者的管理风格也要随之发生改变。

建立全新的流程：在数字化时代，管理者需要将传统的、线下的业务流程搬到平台上、系统上。如何让流程清晰、高效、彼此衔接？这就需要管理者对企业的价值链、生产流、目标的实现过程等有深度的理解和洞察，才能进行创造性的思考。例如案例中的秦奋，不能再满足于刻板地分解并执行任务，而是要根据环境的变化做出灵活的调整和改变。

驾驭庞人的数据：数字化升级后，企业可以获得更多、颗粒度更细的数据。但这也带来了信息过载，甚至"信息茧房"的风险。大量的数据有可能让管理者迷失了管理的方向和焦点。这需要管理者善于从海量数据中提取有价值的信息，科学地分析和利用。比如前面案例中的严静，她不是在利用数据，而是在管理数据，人为设置了信息壁垒。信息在她的团队里没有流动，人反而成了数据的奴隶。

挖掘深度的需求：数字化升级后，透明、直接的反馈机制让我们能够快速得到结果、看到问题和需求。但数字化只是一个工具，不能从根本上代替近距离体察、感知和思考。管理者依然需要深度参与组织内、外部的互动，收集需求，溯源回归，挖掘根因，找到各种要素间的关系和趋势。比如秦奋，过于关注进度，丧失了对新的技术和潜在市场需求的敏感度，最终错失了良机。

促进全面的协作：数字化使得企业可以更快触达用户和市场，及时做出调整，因此同行之间的竞争愈发激烈。管理者不能建立壁垒、固守城池，把自己变成孤岛，而是需要与生态伙伴共生、协作共赢、互相借势、资源共享。案例中的秦奋和严静，他们与生态里的内、外部伙伴都缺乏沟通和互动，内部控制得越紧，与外界就越割裂。

引领破局的创新：数字化转型使企业能够更加清晰地看清市场机会、快速得到市场反馈，缩短了企业间的竞争差距。这就要求管理者能够敏锐地捕捉变化趋势、持续地变革创新，保证组织的基业长青，免遭同质化的碾压。不但管理者自己要有创新意识，还要能够引领团队伙伴一起投身变革。案例中的秦奋固守着精确无误的计划，缺乏创新和应变能力。

激发多元的人才：数字化升级后，体力劳动和简单的生产环节被机器替代，体力工作向脑力工作转移，越来越多的从业者拥有较高学历和认知水平。他们不再需要被强硬地管理甚至被盯着工作，他们的价值也不是重复简单劳动，而是思考和创造。管理者需要做的是让个体的价值主张与团队目标一致，充分激发每个人的潜能和创造力。案例中的秦奋和严静是典型的以事情为导向，缺乏对人的关注。团队成员却被当成机器，没有授权、不被信任、体会不到成就感。

这个阶段的企业更像一个有生命力的有机体,每个成员都是这个有机体的构成部分。管理者们的管理风格不再是刚性管理,也不是柔性领导,而更像是弹性引导,更强调对个体员工的珍视,对生态伙伴的敬畏,时而赋能、调动,时而倾听、激发,时而推动、牵引,时而滋养、浸润……让每个能量个体都绽放,与生态和谐共生。

三代管理模式的差异

这里,我想用三幅漫画让大家感受三代管理模式的差异。

1.0时代的刚性管理:强调从上到下的计划、控制、避免意外和风险、考核衡量、纠偏回正,确保任务和目标的落实。在这种模式下的管理者好像是站在队伍的后方,密切关注着团队的行进方向。他为每个人安排合理的位置、负重和路线,不允许随意越界,以确保团队以最优的速度抵达目的地。

1.0时代的刚性管理

2.0时代的柔性领导:强调勾勒使命愿景、营造组织氛围、鼓励创新、激发员工潜能。管理者好像是站在队伍的最前面,他们审时度势、判断方向和策略,向团队传递成功的愿景和胜利的信号。团队成员在他们的带领下,充满激情和信心,众志成城地迈向成功。

2.0 时代的柔性领导

3.0 时代的弹性引导:强调赋能、调动、倾听、激发、引导和浸润。管理者好像是穿梭游走在队伍中,与伙伴们彼此簇拥,团队看似松散却紧密连接。管理者与伙伴们拉着手、搀扶着跨越一座又一座的山峰,不断攀登。所以,我将它称为一种引导式领导力!

3.0 时代的弹性引导

第 2 章
GREAT 成长心智模型

来到数字化飞速发展的今天，那些曾经被反复训练，用以保障确定性的领导技能（如：计划、激励、考核、授权、辅导、沟通、委任等）已不能满足未来的需求。管理者们不得不再次启程探索一套新的领导力去适应引导式管理的需要。我们呼唤一种更底层的、可以应对各种问题和变化的能力。它不是某种具体的技能或者方法，而是一种稳定的心智模式。就像是一套算法或者公式，不管在管理中遇到什么问题，都可以用这套方法来解题。这样，就算环境再变化无常，问题再复杂棘手，管理者也能够从容地应对。虽然不知道结果是什么，但是这个解决问题的过程是非常稳定的。拥有这套心智模式的管理者就成了最大的确定性！

在长期参与企业发展的过程中，我观察了很多管理者的工作模式，特别是亲眼见证了一些成功管理者的做法后，我发现优秀的管理者都拥有一套相似的底层心智模式。加以揣摩和提炼后，我将其重构为 GREAT 成长心智模型。

GREAT 是什么

GREAT 成长心智模型分为 5 个步骤，分别是：Get（汲取信息）、Reflect（反思现状）、Explore（探索新机）、Assimilate（整合策略）、Transform（转化行动）。

GREAT 成长心智模型

Transform 转化行动

Assimilate 整合策略

Explore 探索新机

Reflect 反思现状

Get 汲取信息

Get 汲取信息 | 广泛地关注各种信息，接收多元化的声音和意见

通常，当管理者和团队遇到问题时，这个问题有可能是一道迟迟不能攻克的技术难题、有可能是未能满足的客户期待、有可能是团队成员在某件事情上出现了意见分歧……我们通常的做法是立刻着手去寻求解决方案。

但是，GREAT 成长心智模型告诉我们不要急于去直接寻找答案，第 1 步应该先多方面收集相关信息，了解全貌。我们可以去充分搜寻与问题相关的过程数据、结果信息、表象影响、衍生反应等。这些信息不但维度要多元，视角也要多元，包括但不限于来自内部伙伴、外部客户、相关利益方甚至竞争对手等。正所谓不调查，便没有发言权，在数字化时代，大量的数据信息是天然的资源。汲取信息后，才能确保我们的分析和应对措施不会有误。

Reflect 反思现状 | 客观地分析各类问题，采用科学的方法进行归因和溯源

GREAT 成长心智模型的第 2 步是反思现状。这个反思不是带着批判和追责的信念去找问题，而是客观、理智地对现实情况进行评估、分析、探究和深挖。我们有哪些优势？有哪些劣势？痛点和需求是什么？内、外部存在的机会和挑战是什么？造成问题的原因是什么？哪些是表象？底层原因是什么？只有对现实有了充分的认识、评估和分析，才有可能得出基于根源问题的解决方案。

Explore 探索新机 | 面向未来，全面探索潜在的机会和可能性

GREAT 成长心智模型的第 3 步是探索新机。基于前两步充分的信息收集和深度探究反思后，就可以开始尝试探索新的可能性和做法了。可以依据前面找的推力或阻力，寻找强化办法；也可以从根因入手，寻求创新的解决方案；或参考一些系统的思维框架，如 SWOT 分析、SCAMPER（奔驰法）等，全面探索。除了从更多维的角度探索外，也需要引入更多元的角色和视角，促进不同经验和知识的交融，让更多的、颠覆性的策略涌现。

Assimilate 整合策略 | 基于目标，整合筛选各种方案，排列优先级

GREAT 成长心智模型的第 4 步是整合策略。可行的方案很多，但不是每个方案都要付诸行动，毕竟资源和精力都是有限的。慎重地评估和筛选，才能在后期保障方案的落实。这一步必须要基于想要实现的目标，先设定评价标准。根据评价标准去对每个潜在方案进行评价打分，最后筛选出最接近目标的方案。

Transform 转化行动 | 联合团队伙伴和相关利益方，推动想法的实现和落地

GREAT 成长心智模型的第 5 步是转化行动。前面四个步骤之所以强调除了管理者，他的团队伙伴、客户、利益方、上下游合作商甚至竞争对手都

要参与到解决方案之中，其意义就在于最后一步的行动。改变绝不可能是管理者靠一己之力就可以促成的，这其中每个相关方都要承担起具体的责任，行动并交付成果。只有参与决策的过程，执行者才会更有意愿执行，才会理解执行的意义和标准，确保方向不偏离、动作不变形。整个团队在彼此的承诺和配合中发生改变。

管理问题总是层出不穷的，而我们的能力和经验终归有局限，不可能对于什么问题都能立刻拿出方案。一旦遇到问题，随时启动和调用 GREAT 成长心智，通过 5 个步骤层层递进，思考和解决复杂的问题。只要拥有了 GREAT 成长心智模式，管理者就不用再担心出现未知的问题，因为解决问题的钥匙已经在手里了。

GREAT 成长心智模型案例

让我们先进入一个具体的管理场景，看看 GREAT 成长心智模型是如何为管理者助力的。

因为商业环境的变化和竞争的加剧，某电商公司 2024 年连续两个季度的业务都遭遇了滑铁卢。原定的销售计划只完成了 60%，营收目标也没有达成。更糟糕的是原来一直很好卖的明星产品不再火爆，以往的促销策略似乎也不再灵了。老客户流失，新客户增长乏力。虽然营销部的总监李帅一直紧盯数据，细化运营节点，甚至关注每个伙伴的执行动作，但依然没有成效。李帅不断地做分析、复盘、总结，加强团队成员的培训和学习，力求把每个动作都执行到位。他也尝试找客户去做回访，了解客户的想法和需求。甚至额外申请了预算，加大推广力度，但都收效甚微。与此同时，比业绩受挫更令他头疼的是团队士气也越来越低迷，伙伴们没有信心，不看好未来的发展，已经有伙伴提出了辞职。在多重压力下，李帅每天神经紧绷，跟团队成员的关系也非常紧张，他下一级的经理和主管每天跟他开会的时候大气都不敢出。李帅希望大家能一起想想办法，团队伙伴则指望着李帅能有高招……眼看着，要给高层呈报第三季度的工作规划了，李帅感觉自己走进了死胡同，陷入了僵局。

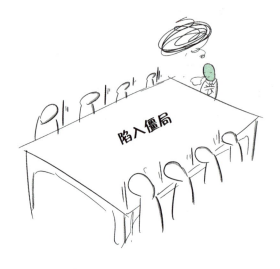

这样的场景是不是很熟悉？连续下滑的业绩一定不是某个环节单独出了问题，也不是某个人的问题，甚至不是只有李帅部门面临的问题。很多组织和团队都是拼命再拼命，努力再努力，提高指标、加大激励、增加投入，甚至用上了"立军令状""996加班"等极端方式，但最后都是越"卷"越无力。

现在，让我们为李帅的大脑戴上一个GREAT成长心智模型外挂，可以将它想象成一个脑机接口。李帅决定不再重复老路，也不再向团队伙伴施压了，更不再执着于过去的经验和方法，都推翻重来！

Get 汲取信息 | 广泛地关注各种信息，接收多元化的声音和意见

首先，李帅意识到团队现有的经验和智慧遇到了天花板，继续向内求只会造成重复的失败，是时候向外看了。他和团队开始收集更多的市场数据、竞品信息、行业报告，走到用户身边去聆听他们对产品和服务的反馈。这其

中不乏一些尖锐的声音和意见，让李帅和团队一时间感到有点难以接受。但他说服自己——任何负面反馈的背后都伴随着正向诉求，那就是还没有被挖掘的机会和可能性。他让团队伙伴也广开言路，不再一言堂，他邀请大家谈谈想法，哪怕是吐槽、抱怨。当然他更鼓励大家提出一些实质的行动建议，哪怕还不成熟，但至少可以一起探讨论证。广泛的讨论总是比自己想更容易找到思路，集体的思想碰撞总是比个体绞尽脑汁更有可能发现机会。

Reflect 反思现状 | 客观地分析各类问题，采用科学的方法进行归因和溯源

现在，李帅已经有了很多的信息输入，包括对产品的反馈、对服务的意见、竞品的优势、自身的不足等。团队伙伴也感受了李帅的信念，每人都有了躬身入局的意识，开始参与进来。李帅感到眼前开阔了，他知道至少不会因为信息的封闭和一言堂造成决策的失误。

问题到底是什么？这需要一个科学的反思过程，李帅带领伙伴一起采用系统的方法和模型对所有的信息进行筛选、过滤、归因、溯源，用事实和数据说话。再将这些因素进行区分，哪些是外部客观问题、哪些是内部主观问题、哪些是团队可控的、哪些是团队不可控的、哪些是偶发的、哪些是必然的、哪些是表面现象、哪些是底层问题……李帅和他的团队不再眉毛胡子一把抓，也不再病急乱投医。他们一层层抽丝剥茧，拨开迷雾。不怕问题多，只要能厘清就有机会解决。更重要的是，看到问题的不只有李帅，还有他的整个团队。伙伴们不再互相抱怨和指责，大家清楚这是一个系统的问题，与每个人都有关系。

Explore 探索新机 | 面向未来，全面探索潜在的机会和可能性

此刻，李帅和团队伙伴已经不再盲目地焦虑、傻傻地努力，他们知道自己已经走在正确的路上，得到了更加全面的信息反馈，看到了更加深入的问题，答案呼之欲出。但李帅知道，想让新的行动方案真正被执行，必须得到

更多人的认同和支持。

李帅和团队伙伴分别拜访了上级领导、公司内的兄弟部门、外部客户、供应商、生态合作伙伴等相关利益方。他们坦诚地分享当前的困境，积极地邀请各方一起参与研讨。在这个过程中，李帅团队听到了不同利益方从各自立场表达的诉求、痛点、期待，甚至是一些看似不太合理的要求。这些都被当作珍贵的"礼物"记录下来，不管是否能实现，李帅都全然接纳。李帅和团队跳出了"自己"的圈子，获得了更加全面、立体的视角。他们意识到要解决的不是"自己的业绩能否达标的问题"，而是在整个生态系统里找到属于自己的机会点。格局打开后，思路变得越来越开阔，一个个创意和想法不断地迸发出来，团队的伙伴也迫不及待地想要大干一场。

Assimilate 整合策略 | 基于目标，整合筛选各种方案，排列优先级

当各种可能性摆在李帅的案头时，他知道是时候做决定了。但，这是一个做减法的过程。相比之前用加法不断充盈大脑，做减法的过程更有挑战性。这是需要他和他的团队共同做出取舍和决定的。

李帅和团队伙伴们将所有的信息、问题、可能性的方案都摆在了桌上，在做决定之前要先要思考的是"依据什么做出决定"。他们充分地梳理了优势和资源，分析了困难和挑战、在行业里的独创性和竞争性，明确了所有改进行动的最终目标、成功标志和评价标准……最终，几个改进方向逐渐明朗。此刻，李帅和他的团队非常坚定，他们很清楚为什么做出这样的选择，更清楚为什么有些提案被"否决"了，不再犹豫和执拗。整个团队充满信心，因为这个决定是科学的、符合实际又充满新意和希望的。

Transform 转化行动 | 联合团队伙伴和相关利益方，推动想法的实现和落地

是时候开始行动了！几个重点的改进方向已经明确，李帅知道想要破局，必须做出改变。也许会遇到困难，也许会需要时间，甚至可能会再次遭

遇失败。但是，他很清楚没有退路可言，此刻唯一要做的就是排除万难，勇敢出发！

但，这不是一个人的战斗。李帅向团队伙伴和相关利益方宣告了未来的愿景和行动，争取他们的支持和参与。更进一步分析了需要的资源支持、需要克服的风险阻力、需要分解的目标和里程碑、需要建立的沟通和考核机制……将它们都落实在清晰的计划上。在这过程中，每个伙伴都有了信任和责任。利益方看到了李帅团队的信心和勇气，也加入了进来。大家彼此承诺、彼此支持、彼此监督。团队伙伴士气大振，前所未有地团结起来，大家知道自己不是在完成李帅的要求，而是在为"我们的决定"努力。大家带着对未来的期待和信念，重新出发！

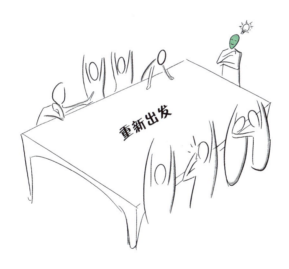

此刻，读者们一定希望李帅的故事有一个好结尾，诸如半年后团队的业绩回升等。我还是给这个故事留一个开放性的结局吧。或许，李帅成功了，但很快又遇到了新的问题；抑或李帅仍然在逆境中砥砺前行。其实这个案例分享的重点不是故事本身，而是李帅和团队的改变过程——GREAT 成长心智模型。

曾经，李帅遇到团队发展的问题时，试图用既有的经验找到方法来应对。但是，李帅发现过去的经验已经不足以解决新的问题。在确定的答案之外，他们需要一个既恒定又不确定的解决路径——GREAT。恒定的是，这个路径可以应对各种问题，不会受制于当下有限的经验；不确定的是我们无法预判答案会是什么。GREAT 所蕴含的"汲取—反思—探索—整合—转化"路径为管理者们提供了一个全新视角的管理思路，从而引导团队持续进化和提升。

团队共享 GREAT 成长心智模型

GREAT 成长心智模型不仅仅适用于管理者，它同样也应该成为整个团队共享的心智模式。在某种意义上，团队里的每个个体在其负责的领域内，也是管理者。他需要管理自己的任务进度、推动目标达成、与同事协同、与内外部客户互动，在这个过程中他需要建立一套开放、灵活、动态的思维模式。

想象一下，当整个团队再次遇到困难时，大家不再等着上级做决定、不再甩锅，他们自发启动了"汲取—反思—探索—整合—转化"的成长心智模型，大家在共享的思维模式下，实现同频共振，成为理想中的自组织、高自治的团队。

GREAT 引导式管理的四大核心能力

这里需要强调 GREAT 是一种成长心智模型，管理者要想发挥它的作用，还需要一些核心能力的支撑。管理者需要通过引导团队下属、上级、同级部门、客户、供应商、合作伙伴甚至竞争对手等生态伙伴，激发他们的潜力和智慧，促使大家一起去思考、探索和行动。管理者需要的核心能力包括倾听、提问、熟练应用引导工具和拥有结构化思维等。接下来，我会对提问、倾听、引导和结构化思维等核心能力逐一展开分享，并通过团队共创会这个典型的团队工作场景展示这些能力，从而帮助数字化时代的领导者练就

GREAT 引导式管理的能力。

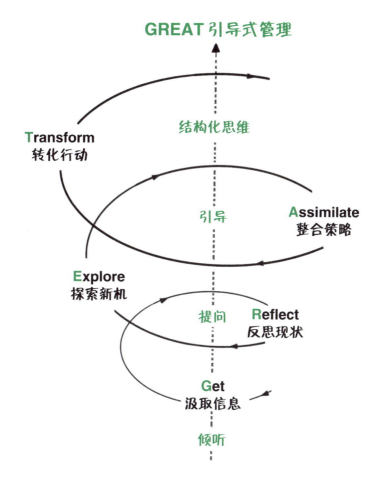

第二部分
技巧篇

本书的第二部分将对了解了 GREAT 成长心智模型的引导式管理者需要掌握的几个核心技能逐一展开分享。

首先，提问是核心能力。这个世界有海量的信息和知识，它们不会主动地涌到我们面前，而是要靠我们主动去挖掘。提出怎样的问题，就会带来怎样的答案。提出多元化、多视角的问题，就能带来多元的信息。善于自我发问才能够深度觉察，善于向他人提问才能够从互动中获取有价值的信息。

其次，就是倾听能力。在接到很多信息后，能够吸收和领会多少就要取决于倾听能力了。倾听是人的本能，但批判和否定是脑子里的"小怪兽"。随着年龄的增长、阅历的丰富，我们越来越难做到全然倾听。对于一些资深的管理者而言，倾听可能比提问还要有挑战。

管理者在日常工作中经常要面对一对多的工作场景，例如召开部门会议、跨部门商讨协同分工、与客户沟通需求等。在这些场景下，管理者需要充分调动参与者的潜能，共同找到创造性的解决方案和行动计划。在第 5 章，我将为大家介绍一个综合性的解决方案——团队共创会。管理者可以通过一场共创会去促进参与者的交流，集结全体智慧。

在一场团队共创会中，参与者多、信息量大，大家的想法会存在分歧和差异。如何能够高效地促进信息流动就成了一个挑战。在转化行动时，也要促使团队做出一致认同的决策，统一行动。引导技术就能很好地解决这个问题，帮助我们整合信息、提高交流的效率、提升决策的质量。

提问、反思、分析、整合、决策的背后都需要结构化的思维。可以说，管理者之间的经验差距本质上是结构化思维的差距。有经验的管理者，脑海里已经构建很多结构化思维框架，遇到相应的场景就会自动触发某个知识框架。这些框架都是被高度总结和归纳过的，也是经过很多实践验证过的。借助成熟的理论模型，建立自己独有的思考模型，会让我们在分析问题时更加系统、全面和高效。

第 3 章
多元化提问

好问题胜过好答案

世上多少好答案，在等待一个好问题

今天，继数字化大潮之后，AI（人工智能）时代已经奔涌而来。AI善于学习、检索和整合，而AI世界里有海量的信息。因此，找答案这个事情变得更加容易了。虽然答案有很多，但是你有好问题吗？提问能力的重要性，从各种提示词工程师培训的风靡程度就可见一斑。以前，我们上课是为了掌握更多知识，解答更多问题。今天我们去上课，竟然是为了学会如何提问？为什么提问如此重要，因为一个善于提问的管理者就意味着：

促进团队一起参与：管理者通过提问邀请团队成员参与问题的解决过程中。这不仅提高了伙伴的参与感，还促进了知识分享和集体智慧的交融。伙伴们对于自己参与贡献的建议和决策，也更乐于去执行。

展现深度的洞察力：一个好的问题通常源自于深刻的洞察力和对问题本质的理解。能够提出好问题，就意味着能够触及问题的核心，引导思考和讨论的方向，促进更深层次的交流。

激发创新和创造：提问意味着管理者不是寻求简单、肤浅、即刻就有的答案，而是有足够的耐心和大家一起探索。只有提出有深度的问题才能够激

发团队思考，从而创造性地解决问题。

提问的进阶

通常，我们在回答问题时，会精心地组织思路和语言。但大多数时候，提问于我们而言似乎不太需要思考，经常脱口而出。其实，我们习以为常的提问模式也有句式和结构。通常，随着一场对话的深入，我们的好奇心和探究欲会不断增强，要么提问的层次越来越深，要么提问的视角越来越广，逐渐抽丝剥茧，展现出问题的更多面。

本章，我会根据几类最常见的提问方式进行分享和举例，帮助大家去体会如何通过逐步进阶的提问打开对话空间，主要包括：从封闭到开放的问题、从过去到未来的问题、从当下到更多的问题。

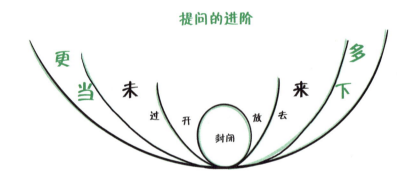

提问的进阶

提问进阶第一级：从封闭到开放的问题

封闭问题的局限性

我相信很多人都接受过这样的教导——封闭问题不好，要尽量提开放问题。那么，封闭问题的局限性在哪里？我们通过一个案例来体会下。

在某一次周五下午的部门例会上，运营部经理孟浩对每个伙伴这一周的工作进度进行回顾。运营专员王冰作为项目经理，正在负责一周后的直播活动的整体筹备和推进。

经理孟浩：王冰，直播活动准备好了吗（封闭第 1 次）？

专员王冰：呃……差不多了。（说好吧，也没有完全准备好。说不好吧，似乎也不尽然，只能模棱两可地应答。）

经理孟浩：差不多？是不是还差很多（封闭第 2 次）？

专员王冰：也不是，就是技术部那边的测试还没做。

经理孟浩：不是计划本周三测试吗？你找技术部经理协调了吗？（封闭第 3 次）张总（更高一级的项目统筹总监）知道这件事吗？（封闭第 4 次）

专员王冰：我找了，张总还不知道。（本想说明更多情况，但此刻只能顺着问题来回答。）

经理孟浩：那下周直播还能不能（封闭第 5 次）保障？我要是不问，你是不是（封闭第 6 次）打算继续被动地等下去？

专员王冰：低头不语。（孟浩说是就是吧，反正他已经对这个事做出"裁决"了，解释再多也无用。）

上面的案例，相信很多职场人都深有体会。孟浩可能都没有察觉到自己问了一连串的封闭问题，他只是一个很关心项目进度的经理，他甚至非常想要帮助王冰解决问题。但结果就是一连串的封闭提问，彻底关闭了对话的空间。问题没有被解决，孟浩很生气，王冰也很沮丧。从这个案例中，我们可以强烈地感受到封闭问题的局限性。

第一 限制了对方的回答方式

从第一个封闭问题开始，王冰只能在"是 / 不是、好 / 不好、有 / 没有"里做选择。其实他本想就项目进展好好谈谈的，但没法按照实际情况自由表达。

第二 切断了找到更多问题的可能性

一连串的封闭问题后,留给两人对话的机会几乎没有了。这种切断不是内容层面的,而是情绪层面的。王冰没有感受到孟浩想听,所以干脆不说了,那就不可能找到真正的问题。

第三 透支双方的情感账户

不要小看这种普通对话的杀伤力,如果孟浩不及时调整自己的沟通模式,他和王冰之间的信任关系会越来越差。每一次糟糕的对话都是对彼此情感账户的透支。

为什么不自觉地陷入封闭问题

为什么我们会"自然而然"地问出封闭问题呢?有很多管理者明明知道这样提问不好,还有很多人去专门学习各种提问的技巧,但还是摆脱不了提封闭问题的习惯。在我的课堂上,我也经常被问道:"到底怎样提问才能不封闭?"想解决这个问题,我们首先要知道根因在哪里?

第一 被自己的预设"封印"了

在我看来,之所以为会问封闭问题,就是因为我们在提问前,已经有了"预设的答案"。提问只是为了求证自己的预设是否正确,并没有打算获得其他答案。芭蕉发现越是成年人越容易被困在封闭问题里。反倒是小孩子,经常问开放问题。在他们的世界里没有是不是、好不好、对不对,只有是什么、为什么、怎么办?我们常说小孩子是好奇宝宝,为什么会这样?因为成年人知道得太多了,知道得越多,预设也就越多。但小孩子经历得

被自己的预设"封印"了

少，他们真的不知道，所以没有预设。

所以，放下已有的认知，彻底清空自己，才能真正开始去探寻。

第二 封闭问题更容易说出来

准备好了吗？VS 准备得怎么样了？

张总知道吗？VS 张总对进度了解多少？

你找技术部经理了吗？VS 你和技术部经理是怎么沟通这个问题的？

看，封闭问题明显更简短，不用多费口舌。大家都很忙，简单直接的封闭问题显然比"拐弯抹角"的开放问题更容易提。

想要改变封闭提问的习惯并不难，甚至不需要学习任何技巧，**只要你开始改变就可以了**。没错，就是从此刻开始，在每次提问前放下脑海里闪过的各种答案，单纯去了解对方的想法。不预判、不假设，只是去提问，反正也不会有什么损失，说不定还能得到意外的答案。然后，可以刻意留意下自己的提问是否是封闭问题？就算说了一半，当你意识到是封闭问题的时候，及时停下来重新说就可以了。

提问进阶第二级：从过去到未来的问题

在日常的管理场景中，管理者经常需要引导对方找到问题的原因、得到解决方案。在这种情境下，我们可以借鉴以下三类提问结构，我们通过一个例子来说明。

延续之前的案例，孟浩团队最终顺利完成了周年庆大型直播活动，活动也基本达到了预期效果。总观看人次、峰值人数、人均单价、GMV（成交总额）等数据都达到了目标，但互动率、留存率、平均停留时长等指标距离行业平均水平还有一定的差距。因此，孟浩和团队一起开了一场复盘会。在会上，孟浩通过提问的方式，和伙伴们一起进行总结。

全面了解现状和事实

管理者在和团队分析问题时，势必要先从已经发生的事实开始，逐步找到根本原因。引导式管理者懂得利用这个机会，带领团队伙伴一起得出结论。这类提问包括但不限于：

- 大家觉得此次直播活动做得怎么样？
- 如果用 1~10 分来打分，1 分最差，10 分最好，大家会打几分？
- 具体的数据和指标结果是怎样的？
- 今年的数据与往年的数据相比，与同行业的参考值相比，整体情况如何？
- 客户对此次活动的评价和反馈是怎样的？
- 合作商家和直播平台的评价和反馈是怎样的？

深度分析问题和原因

在全面了解了事实后，就要对根因进行深挖。关于这方面的提问包括但不限于：

- 哪些地方做得好？这是我们可控、半可控还是不可控的？
- 我们做对了什么，从而带来了成功？
- 哪些地方是有待改进的？这是我们可控、半可控还是不可控的？
- 是什么因素阻碍了目标的实现？
- 以上的分析中，哪些是主观因素？哪些是客观因素？
- 如果上述主观因素被解决了，我们的目标可以在多大程度上被达成？
- 如果上述客观因素被解决了，我们的目标可以在多大程度上被达成？
- 如果上述问题都被解决了，我们依然没有完全达成目标，还可能是因为什么？

制订未来行动计划

在确保深入地挖掘了根因后,是时候面向未来设计新的行动了。这方面的提问包括但不限于:

- 如果在不久的将来再举办一次这样的直播活动,我们可以怎么做?
- 哪些在这次被验证非常有效的行动可以复制?
- 针对这次活动存在的不足,我们可以做哪些改变和调整?
- 如果上述行动都被落实了,我们可以在多大程度上实现目标?
- 如果依然距离目标有差距,我们还可以做点什么?
- 有可能出现哪些意外和风险?我们的应对计划是什么?
- 还需要谁/哪些部门的支持?
- 相关利益方(上级、兄弟部门、供应商、客户)会如何反馈我们新的计划?
- 在下次的活动中,每个职能小组和成员将有哪些新的行动?
- 我们如何协同得更好?

提问进阶第三级:从当下到更多的问题

优秀的管理者不仅仅能够带领团队优化过去的做法,更要敢于创新突破,探索新的可能。这需要引导团队打开格局,升维思想。以下这些问题可以帮助团队突破当下的局限,找到更多的方法。

- 如果明年再办直播活动,那时候资金、时间、技术等一切资源都不是问题,我们可以做成什么样?
- 除了我们的想法,还可以去问问谁的意见?他会说些什么?
- 为什么要实现那个目标?对我们有怎样的意义?
- 当我们实现那个目标后,上级、客户、供应商、同行会怎么看我们?

- 如果那个目标实现了，那说明我们做到了什么？做对了什么？
- 相比现在，我们有可能要做哪些颠覆和改变？
- 当这种颠覆性的改变真的发生时，我们可能会面临哪些挑战？如何应对？
- 在这个过程中，我们可能会遇到重重阻力，什么样的信念可以支撑我们不放弃？
- 当那个全新的局面实现时，我们会是怎样的一个团队？
- 届时，你会如何描述这段经历？对自己说点什么？
- 怎样才能将上述想法落地呢？

提问进阶第四级："如果……还"的问题

有时候我们在管理中会遇到"被困住"的局面，团队成员、合作伙伴、客户等总是因为没钱、没时间、没资源等原因而被困在"泥潭"里出不来，他们的潜能也因此被抑制。在这种情况下，引导对方跳出限制、打破束缚就变得非常重要。针对这种情境，"如果……还"的问题就非常有效。

放大限制

在有些情况下，需要放大限制因素，解绑束缚，让对方去大胆地想象。让我们来继续看前面的案例：

孟浩团队里的运营专员李楠领到了新客拓展冲刺项目的策划任务，孟浩给李楠一周的时间去做策划案，一周后李楠提交的策划案并不让孟浩满意。方法和策略还是比较传统的，并没有什么新亮点。孟浩跟李楠谈话：

孟浩：李楠，这个方案我看了，并没有突破我们之前的做法，只是在原有的方法上做了强化。我们下个月的冲刺活动是希望可以借助"618"这样的电商大促契机，有大幅度的突破，这个方案看起来不能实现这个目标。

李楠：我承认没有新的亮点，但你只给我一个星期的时间来做这个策划案，而且只有我一个人做，我实在没办法。（典型的时间紧、任务重的限制。）

孟浩：嗯，我能理解你的难处。那如果这次有足够的时间，并且可以得到充分的支持，你会怎么做呢？（放长时间，放大求助范围。）

李楠：那我会先做个调研，研究下全行业都有哪些拓客的新方法。我还会去研究新媒体营销，咨询一些专业号的博主。我还想邀请团队小伙伴一起进行头脑风暴，看看大家还有哪些建议。

孟浩：嗯，我觉得你的这些想法都可行。我可以再给你三天的时间，你看看还可以再做点什么。另外，我会让王冰参与进来，你可以将刚才的想法跟他沟通下，分头行动，优先做关键行动。如果你需要，随时可以召集团队小伙伴来开会。3天后看看会产生什么新想法？

李楠：好，那我去试试。

这是一个非常典型的例子，李楠用"没时间、没资源"作为借口。在现实工作中，李楠可能从一开始就已经判定自己完成不了，都没有尝试去努力。在这种情况下，通过放大资源，帮她打开思路，让她说出理想的状况，她就会觉得行动没有那么难。

再看下面这个例子：

李楠去采访了一些流失的优质客户，想要了解他们当时为什么终止合作。李楠找到一个跟公司连续合作了3年的客户方采购负责人张经理。他们的对话如下：

李楠：张经理，贵公司跟我们连续合作了3年，中间还对我们产品和服务给了很高的评价。为什么今年不再跟我们合作了呢？

张经理：你们的产品和服务其实都挺好的，我们领导也很满意。但是，今年公司的管理主题是降本增效，各个环节都要控制成本。说实在的，你们的产品价格在同行业里算是比较贵的，采购成本超出我们的预算，我们只能选择其他的供应商了（不是我们不想买，是被你们的价格限制住了）。

李楠：嗯，我能理解你们的选择。那如果你们在预算充裕的情况下，还会考虑我们的哪些产品呢？（放大"预算"这个限制因素。）

张经理：那我们肯定优选你们"乐享办公系列"的产品。性价比很高，而且把企业最常用的办公用品做了组合配置，去掉了多余的附加品。对我们公司的办公需求量而言，非常适用。

李楠：这样啊，那我了解您的想法了。听起来您还是比较关注最常用的用品，不需要小众品类。我们可以根据你们的需求特点，将产品组合再做优化，聚焦到你们最常用且消耗量较大的品类上面，或许价格还有降的空间。当然，这可能也要建立在你们有一定量级的采购基础上。我给您介绍一下，如何？

张经理：这倒是可以听听看，我们反正也有需求。既能保证价格，又能保证品质，何乐而不为。

在这个案例中，如果揪着价格贵还是不贵、预算够还是不够，显然对话要陷入僵局。不如先把阻碍客户进一步洽谈的预算因素扩大，把客户的注意力转移到产品上，才有可能打开后续的对话空间。

缩小限制

在有些情况下，不能够轻易放大限制，我们需要通过缩小限制，引导对方在极限情况下做出优先选择。

孟浩找到技术部的负责人李硕沟通客户管理系统新上线的功能需求。这次，孟浩团队提出了5个新的功能点。李硕听完后的对话如下：

李硕：做不了，来不及。我们这里已经有好多需求了，前面的都做不完，你这还一口气提了 5 个。就这几个研发人员，我们已经加班加点了，没办法。（*没时间、没人，所以没办法。*）

孟浩：嗯，我看得出来你们都很忙。那如果在现有人力和时间不变的情况下，能优先满足多少需求呢？

李硕：那……你们先挑 2 个最核心的功能吧，我试试安排人手加急给你们优先做。

孟浩：行，那我和团队伙伴一起评估下，看目前最迫切要优化的是哪两个功能，然后再找你，多谢！

再看下面这个案例：

又到了年终与伙伴做绩效反馈的节点了，按照惯例孟浩要与每个伙伴谈谈这一年的工作，并告知升职加薪的结果。赵刚是团队里的老人了，但是受学历的限制，晋升速度比较慢，薪酬也低于他的预期。尤其在感到今年又晋升无望后，赵刚最近的工作比较懈怠，孟浩跟他谈及此事时：

赵刚：我就是个高级专员，每月就 8000 元的工资，还指望我干出 15000 元的活儿不成？（*职级低、工资低，常见的理由和借口。*）

孟浩：你是老员工了，你应该很了解公司的职级和薪水评定是有规则和标准的，我个人难以左右。但如果抛开公司的晋升标准限制不谈，我想知道你还有哪些潜力和可能性是没有被公司看到的？

赵刚：其实我一直都跟公司建议咱们可以针对客户推出分级管理的积分机制，让老客户享受更多的服务和优惠，让新客户有意愿长期跟我们合作。我觉得这个机制一点也不难实现，咱们的数据都是现成的，做个模型测算评估就可以。但我这个职级，哪能调动那么多部门来参与呢？算了吧。

孟浩：那如果你可以借用我和整个团队的影响力去推动，你觉得怎么样？如果你来担当这个项目的负责人，我会很有信心，因为你最了解客户的情况。不管怎么评定职级和薪酬，业绩和工作成果始终是刚性指标。你做出成绩，我就有理由和信心去为你争取匹配的待遇。

需要注意的是，有些场景可以放大资源，有些场景需要缩小限制。在涉及钱的、自己不能独立做主的情境下，就要缩小限制。例如，不能轻易承诺给对方加钱、加时间。在不涉及资源、自己可以做主的情况下，可以通过放大限制来引导对方思考更多的可能性。

转换视角

除了资源的缩放，视角转换也是"如果……还"问句里非常有力量的问法。

公司周年庆的直播大促活动结束后，集团召开了表彰大会。事业部的赵总虽然感谢了每个团队的努力和贡献，但唯一的团队奖——"开拓先锋奖"还是给了市场部。因为市场部在前期的宣传、营销、媒体联合等方面做了很多创新举措，使得直播现场来了很多新客户，为公司争取到了宝贵的新客资源。事后，王冰愤愤不平，他觉得运营部的功劳没有被正视，市场部只是在前期做了工作，而运营部才是从前忙到后的团队。直到今天，运营部还在协调货品配送、客户退货的事情。

王冰：运营部永远是功劳不显、背锅当先的命。市场部就做了一些人前的活儿，比如采访、报道，还都带着赵总出场，赵总当然觉得他们有功了。现场上架、配货、回答客户咨询都是运营部的工作。直播结束了，别的部门都撤了，咱们部门还在做收尾工作。

孟浩：你是觉得我们的辛苦没有被正视，替大家伙觉得委屈了？

王冰：是啊，我自己倒是无所谓，大家都加班、加点忙了半个月了。研发部直播那天还熬到凌晨1点多，市场部的人倒是早早带媒体人员去吃饭了。（站在自己的视角看问题。）

孟浩：嗯，从你的角度看，确实是。从公司的角度看，我们为什么如此重视这次周年庆的直播活动？（转换视角，站在公司层面。）

王冰：那肯定是想在原有传统的销售模式基础上，找到新的突破口。现在新媒体营销、直播电商是新涌现的风口，我们肯定也想赶上这趟车。

孟浩：那从这个角度来看，我们的挑战在哪里？（转换立场。）

王冰：应该是让客户都知道我们有这种直播通道。直播本身不难，平台和外聘的主播都成熟，就是怕播了没人来看。

孟浩：那你觉得第一次直播，公司和赵总会用什么标准来评价成功与否？（转换评价标准。）

王冰：嗯，那应该是新客户的引流和媒体的曝光度。

孟浩：你看，其实你也能想通这个道理。如果这个奖颁给我们，那么市场部的伙伴会有何想法？（转换身份。）

王冰：好的，你说的我都明白了，我就是随口说说，我去干活了……

这是一个非常典型的转换视角的案例，我们再看一个案例。

活动结束后，孟浩打算跟王冰单独做复盘，从他这个项目负责人的角度来总结这个活动。

孟浩：活动结束了，我想先听听你这个项目负责人的总结，你觉得通过这个项目获得什么经验和教训？

王冰：经验，我回头写个报告。教训，谈不上吧。（避重就轻，有所防御。）

孟浩：没事，报告不急，相比纸面的材料，你的想法更重要。如果明年（换时间），由李楠（换角色）来担任这个项目的负责人，你会给她哪些建议和提示呢？

王冰：有很多事情要注意，毕竟这次是从零到一，摸索着做。尤其是以下这几点……

孟浩：好，我觉得你说得非常好。等你把这次的活动资料总结存档后，再安排一次部门会，跟大家一起分享。

通过以上几个案例，我们应该能体会到转换视角的力量。它将对方从自我限制、防御甚至对抗的状态中抽离出来，重新看待问题。

基于 GREAT 成长心智模型的自我设问

前面介绍的提问技巧不仅可以用于人际互动，也可以帮助管理者进行自我梳理和整理思路。在本书第 2 章中，我们谈到了 GREAT 成长心智，它通过 5 个步骤来帮助我们进行思考、分析和解决问题。在学习了本章的多种提问方式后，管理者可以结合 GREAT 成长心智模型进行自我设问。

让我们先来看一个案例：

赵琳是一家女装公司的市场部负责人，公司对今年春季的国风 OL（Office Lady，职场女性）系列寄予了厚望，希望能够借助这波新品提升品牌在市场上的影响力。为此，赵琳团队要围绕春季新品策划一套推广海报和文案。面对这个任务，赵琳的脑海中浮现出了若干问题。既需要自己厘清，又需要和团队伙伴一起探讨。

Get 汲取信息

- 这几年市场上主流的女装风格有哪些？
- 国风 OL 系列风格的女装市场占比大概是多少？
- 有哪些品牌推出过国风 OL 系列？当时的市场反响如何？
- 这几年比较主流的营销渠道和方式有哪些？

- 与国风 OL 系列风格的受众相适配的营销方式是什么？

Reflect 反思现状

- 我们公司推出的国风 OL 系列的特色是什么？
- 我们的客户群体有怎样的特点？
- 哪部分群体是这个系列产品的主要受众？
- 过往的营销渠道和方式主要是什么？
- 这些方式对于国风 OL 系列的推广有哪些优势？有哪些劣势？

Explore 探索新机

- 我们的潜在客户会有怎样的期待？
- 她们会通过哪些方式留意到我们的品牌？
- 除了衣服的设计、面料，我们还想向消费者传递什么精神或文化内涵？
- 如何突出我们与其他品牌同类产品的不同？
- 如果将上述的内容集成在一张海报、一句广告语上，应该怎么表达？
- 当客户看到这个系列的服装时，她们可能会说些什么？
- 如果她们很喜欢，是因为什么？
- 如果她们不喜欢，又是因为什么？
- 能够面向我们的潜在客户进行最大限度曝光和引流的营销方式有哪些？
- 如果资源充足，我们可以怎么做？
- 如果资源有限，我们要如何实现效果最大化？

Assimilate 整合策略

- 在备选的营销方案中，我们要如何做选择和判断？关键的评估标准有哪些？

- 在跟其他品牌的差异性、代言模特的知名度、公司品牌一贯的调性、与当下职场女性价值主张的契合性、传播渠道的引流能力等诸多标准里，哪些要优先考虑？
- 如果针对不同的群体策划不同的营销方案，可行性如何？

Transform 转化行动

- 下一步如何进行？
- 团队内部的伙伴要如何分工和协作？
- 我们还需要从公司的其他部门获得哪些支持？
- 如何借助外部供应商的力量和优势，一起联动？

第 4 章
深度倾听

在第 3 章我们分享了如何通过提问去获取更多的信息,从而引导伙伴思考。但是,引导和启发并不仅仅发生在主动提问的时候,在很多工作和管理的场景中,我们先是从聆听开始互动的。比如,下属主动找你请示一件事情、客户找你反馈需求等。GREAT 成长心智模型的引导式管理者必须要能建立良好的聆听通道,随后根据对方的状态和需求,做出深层的回应,才能让信息和思想流动起来,改进对问题的分析和处理。

倾听的三个层次

倾听是一个老生常谈的问题,很多管理者都曾经被反馈过"倾听能力不佳"。有时候他们觉得很委屈,因为自己真的很认真、很专注地听,甚至还拿着笔在记录,时不时附和"嗯、是的、然后呢……",还配合着点头、注视等肢体语言。这还不算会倾听吗?事实上,倾听不是靠这些外在的动作去演绎的,倾听是一种内在状态。就是你想不想听?想听,自然会调动全身的感官去捕捉对方传递的语言和非语言信息;不想听,不管怎样表现出专注,都无法接收到信息。

倾听的水平和效果并不体现在听的那个时刻是怎么表现的,而是体现在听完后的回应。不同的回应方式,体现出一个人倾听的差异。

接下来，我分享倾听的三个层次，大家可以对照检视自己的倾听属于哪个阶段？

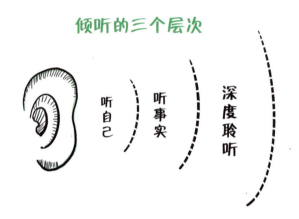

倾听的三个层次

第一层倾听：听自己

这是一种假聆听，就是其实不想听，但表面上又装作在听的样子。不想听，但又不得不表现出在听，最后的结果就是只能"听到自己"。不管对方说了什么，倾听者其实都在用自己内心的预设评判和验证对方的想法。他的注意力是放在自己的身上，而不是对方。

让我们来看个例子。延续第 3 章的案例，我们令时间倒退回孟浩刚刚当经理时的阶段，那个时候他还不成熟，做事比较急躁，总想快速取得成果，缺乏耐心。一天，李楠跟他反馈：有一个老客户在连续合作 3 年后，决定不再与公司合作了，转而签了其他的供应商。他们的对话如下：

李楠：我从 3 个月前就开始跟进采购合约的续签，那边的赵经理一直说要跟上级沟通，期间还让我把新的产品名录和报价发给他。我以为后面会再谈谈新的合作细节，谁知道他上周突然就跟我说不再续约了，已经换了别家，我也很纳闷。

孟浩：你光说赵经理让你干什么了，他没让你干的事情，你想了吗？发个资料就完了，你有见面拜访吗？要续签怎么也得有个新的谈判和议价过程，他找你了吗？都没有！你还不警觉点，这会儿人家新供应商都换完了，你说这个有什么用？（一连串的质问，他早有了判断。）

李楠：我也不知道啊，他就说要汇报上级，让我等等。

孟浩：你还真就等着，真是听话啊。我平时说的话你要是也听得进去就好了。（施加情绪压力，翻旧账，已经脱离解决事情的基本面。）

在这个案例中，孟浩在听吗？没有。他从一开始就已经做出判断——李楠跟进不力，把客户搞丢了。因此，李楠的解释在他看来都是借口和理由。在这个案例中的孟浩是典型的"听自己"，注意力都集中在自己的想法上，而不是在对方的观点和需求上。

第二层倾听：听事实

这一层的聆听可以是说相对比较理想的倾听水平了，如果能做到这个程度，说明你是基本合格的倾听者。在这种倾听状态下，倾听者是把注意力放在对方身上的——对方说了什么？表达了什么想法？我能提供什么支持？让我们看看孟浩如果进入第二层倾听，会对李楠的问题做出怎样的回应。

李楠跟他反馈一个老客户在连续合作3年后，不再与公司合作了，转而签了其他的供应商。

李楠：我从3个月前就开始跟进采购合约的续签，那边的赵经理一直说要跟上级沟通，期间还让我把新的产品名录和报价发给他，我以为后面会再谈谈新的合作细节。谁知道他上周突然就跟我说不再续约了，已经换了别家，我也很纳闷。

孟浩：嗯，你是说提前3个月就启动了续签的事情？（重复事实。）

李楠：是的，这个时间是正常的，咱们的流程要求老客户续签要提前3个月启动。

孟浩：赵经理说要跟上级沟通，这个上级是什么角色？在采购决策中起到什么作用？（挖掘更多信息。）

李楠：这个我倒是没问，我以为他就是走个请示流程。平时我都是跟赵经理直接谈，也没有听说上级领导会过问。

孟浩：赵经理跟你要了新的产品和报价后，还提过哪些要求？一直没有找你进行新一轮价格谈判，这中间你做了什么？（挖掘更多信息。）

李楠：我提过要去给他再介绍新产品，顺便再谈谈续签的价格。但他一直说不急，说他请示完了就会通知我。其实，那会儿我就觉得有点纳闷，感觉续签有风险了。

孟浩：嗯，看来你之前已经有预感了。当时为什么没有采取行动？（探究李楠行为背后的原因。）

李楠：我……我觉得3年合作得很好，他们也从来没有表达过对我们的服务有任何不满。我真的以为他就是跟领导汇报，没想到半路被别家截和了，是我太大意了。

孟浩：现在你有什么打算？需要我提供哪些支持？（了解对方的想法和需求，关注问题解决。）

李楠：我想让你和赵经理联系下，给我们一个登门拜访的机会，他应该会给你点面子。我带份小礼品过去，不管怎么样，先见面聊聊，也好知道我们到底输在哪里了。

孟浩：好，我联系他试试。问题已经发生了，懊悔也不能解决问题。我们还是积极地做点事，看看有没有挽回的余地。就算不能挽回，也要给客户传递我们渴望合作的态度和诚意，争取以后有合作的机会。（积极提供支持。）

在这段对话中，孟浩始终聚焦在李楠反馈的信息上。没有评判，没有预设，没有否定，而是在尝试着通过提问启发对方发现失误之处。

第三层倾听：深度聆听

这是更高一级水平的倾听，也是最能够产生建设性对话的倾听状态。在这个层次，我们不仅关注对方的言语内容，还关注对方的语气、语速以及情绪变化。我们的关注点是通过有效的提问给对方赋能，让对方意识到被忽略的问题。让我们看看在这个层次的孟浩，会对李楠的问题做出怎样的回应？

李楠跟他反馈一个老客户在连续合作 3 年后，不再与公司合作了，转而签了其他的供应商。

李楠：我从 3 个月前就开始跟进采购合约的续签，那边的赵经理一直说要跟上级沟通，期间还让我把新的产品名录和报价发给他，我以为后面会再谈谈新的合作细节。谁知道他上周突然就跟我说不再续约了，已经换了别家，我也很纳闷。

孟浩：你先别急，咱们慢慢梳理这个过程。我在你的周报里看到过你提到这个客户续签的事情。（观察到对方的情绪，提取事实信息。）

李楠：是的，我是按咱们的正常流程要求启动老客户续签的，提前了 3 个月开始准备，不算晚。我当时跟赵经理提这件事时，他说不需要提前这么久，老合同续签很容易。

孟浩：嗯，对于合同续签要走怎样的流程，赵经理是怎么说的？（提示对方可能疏忽的重要环节。）

李楠：这个……我倒是没跟他确认。

孟浩：嗯，你之前碰到"被拒绝"的情况时，通常都会进一步追问，得到明确的信息。这次为什么没有这么做呢？（跟对方之前的行为模式做对比，找出差异和问题。）

李楠：我觉得跟他们合作得很好，他们从来没有反馈过不满。所以，我以为就是走个汇报流程，然后就续签了。

孟浩：赵经理跟你要了新的产品手册和报价后，一直没有跟你进一步沟通，这期间你做了些什么？（挖掘更多的细节和事实。）

李楠：我提过要去当面给他介绍新产品，顺便再谈谈续签的价格。但他一直说不急，有空了会通知我。其实，那会儿我就觉得赵经理好像在推托，续签怕是有风险了。哎，那时候我就应该主动出击的，不应该被动等着。

孟浩：嗯，看来你之前已经发现一些异常的信号了，我相信你肯定不希望这个客户流失（肯定对方的主观意图）。现在不知道还有没有回旋余地，但我觉得我们可以主动做点什么。你有什么打算？（将下一步行动权交给对方。）

李楠：我跟赵经理部门的小陈挺熟的，平时补货、售后都是跟她对接的。我试试跟她聊聊，看看能不能得到一些信息。然后，我想请你与赵经理联系一下，给我们一次登门回访的机会，他多少还是会给你点面子。不管怎么样，先见面聊聊，也好知道我们到底输在哪里了。

孟浩：好，我联系他试试。我知道合作3年的老客户丢了，你现在肯定很懊悔。你也不用过于自责（纾解对方的心理压力），先积极采取行动，就算不能挽回至少我们要搞清楚输在哪里，这对团队而言也是值得学习的经验教训。（负转正，放大积极面。）

在这段对话中，孟浩既关注李楠反馈的信息，不断深挖和引导，启发李楠发现问题所在，又关注李楠的情绪，肯定她的出发点，纾解她的歉疚和懊悔情绪；同时，他始终将对话向解决问题的方向引导。李楠的本质需求不是做检讨，而是挽留这个客户。在孟浩深度聆听的状态下，引导李楠挖掘事发的原因，并积极地采取补救行动。显然，这才是最佳的倾听状态。

深度聆听的 3F 及探寻追问

怎样才能达到第二层甚至第三层的倾听效果呢？这是有技巧可以练习的，在对话的过程中，你只要始终关注围绕 3F 进行聆听、探究和追问，就能够达到深度聆听的状态。3F 分别是 Fact（事实）、Feel（感受）、Focus（焦点），这三个英文单词的首字母都是 F，所以简称"3F"。

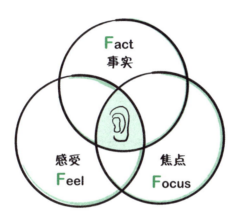

Fact 聚焦事实并探究

区分事实和评判

在聆听的过程中，首先要提醒自己去听"信息"，不要轻易将事实转化成评判。

例如，小王这个月已经迟到了 5 次，这是事实；小王最近总迟到是因为他的工作态度很差，这是评判。很多时候，从事实到评判的切换是不由自主的。倾听者往往意识不到，就被自己的评判影响了。一旦用"评判"倾听，就进入了"听自己"的状态。既不利于对话的开展，又容易扭曲事实，产生"误解"。使对话陷入僵局。举个例子：

孟浩团队里有一个刚毕业半年的大学生徐勇。孟浩两周前给徐勇分配了一个任务,让他对客户信息进行梳理,然后根据客户的企业类型、购买品类和消费频次等信息进行分类,建立一套数据模型,这样未来可以更好地针对不同客户进行产品推荐,既可以把部门的客户数据整理了,又能建立一套智能推荐的销售数据库。而徐勇在大学期间辅修了信息技术,正好可以发挥他的专长。但两个星期过去了,工作并没有明显的推进,徐勇只是把几个销售伙伴手里的客户数据整合了,还没有进行分析,工作进度严重延误。

孟浩:智能推荐数据库的工作进展如何了?

徐勇:哦,我上周一就跟大家收集各自手里的客户数据了。李楠姐给我的信息不全,她又去补充了;王冰哥和郑凯哥一直在出差,昨天刚给我数据。我今天会把这些数据汇总出来,再交给你。

孟浩:两个星期了,基础数据汇总还没做完?你的工作效率也太低了!
（跳过事实,直接评判工作态度。）

徐勇:可是他们不是出差,就是外出,都不在公司。我拿不到数据,也没办法啊。

孟浩:你做事得发挥积极主动性啊,被动等着怎么能行?他们也不知道这个数据是不是着急要?（再次评判。）

"效率太低了""不积极主动"这是典型的评判。孟浩显然对徐勇的进度不满意,直接从工作态度角度给徐勇"定罪"。有评判就会有对抗。接下来就会进入孟浩一直数落、批评,徐勇辩解、抵抗的局面。让我们换个角度,把孟浩代入 3F 的聚焦事实模式里。

聚焦事实的探究

聚焦事实的追问要保证开放性,第 3 章中我们提到的很多提问方法在这里都可以应用。通常我们可以围绕几个要点进行更多的关于事实的追问和探寻,包括什么时间、什么地点、什么环境、跟谁有关、什么结果、做了什么动作等。让我们继续上面的案例，重新进行对话。

孟浩：智能推荐数据库的工作进展如何了？

徐勇：哦，我上周一就跟大家收集各自手里的客户数据了。李楠姐给我的信息不全，她又去补充了；王冰哥和郑凯哥一直在出差，昨天刚给我数据。我今天会把这些数据汇总出来，再交给你。

孟浩：也就是说，目前只把基础数据信息收齐了？你是怎么跟伙伴们提这个需求的，尤其是关于反馈的时间和具体格式的要求？（了解之前的过程和方法。）

徐勇：我没有特别强调时间，他们都太忙了，我也不好意思催。格式，我也没有要求，咱们部门不是有统一的客户信息表嘛，我想着别麻烦大家再整理了，直接给我，我统一整理。没想到李楠姐用的表格跟大家不一样，所以就缺了点信息，我让她完善后再发来。

孟浩：你最初对这件事情的进度是如何计划和安排的？（重新回顾原先的计划。）

徐勇：我想着只要把数据收齐了，其他时间都是我可以控制的，所以我预留了一周时间给大家反馈，想让大家不要那么赶。我原本打算上周完成数据收集，然后利用上周末的时间加班，把汇总、分析做完。这周就可以做几个模型测试验证了，至少这周五前可以提交1.0成果。但是现在要延迟了。

孟浩：在等待数据回传的过程中，你还做了哪些准备呢？（提示有可能存在的失误。）

徐勇：我……我没做什么，也不好意思催大家，我就去忙客户的方案了。这是我的错，如果我提前统一模板，再强调时间，就不会等这么久了。其实我自己也有客户数据，我可以一边等一边拿自己的数据先做几个模型，等有了更多的数据，再校准调试。

孟浩：嗯，看来进度确实慢了比较多，我想听听你接下来有什么打算。

在上面这段对话中，孟浩放下了对徐勇的工作态度、主观能动性的评价，一直聚焦在做了什么、没做什么、怎么做的……在这种导向下，徐勇明显放下了防备，转而冷静地回顾和分析。这样的对话，更能够解决问题。

Feel 体察感受并共情

这是指在倾听事实的同时，也要用心体察对方的感受和情绪，并把自己的感受反馈给对方，产生共鸣。

区分感受和观点

在对话过程中，倾听者一方面要体察对方表达过程中的感受，去共情；另一方面，也要如实地向对方表达自己的感受，获得对方的理解。但有时候，我们会跳过分享感受，直接表达观点。例如，我觉得技术部门根本不想配合我们的工作，总是推诿——这是观点；技术部门将我们的需求排期推迟了半个月，这让我很担心项目的进度——这是感受。

让我们先看个反面案例。

孟浩：智能推荐数据库的工作进展如何了？

徐勇：哦，我上周一就跟大家收集各自手里的客户数据了。李楠姐给我的信息不全，我跟她说了，但她还没空给我；王冰哥和郑凯哥一直在出差也顾不上做这件事，昨天刚给我数据。（大家没空、顾不上是徐勇的观点。）

孟浩：你就是没主动跟进，正好他们也在忙其他事，所以就这么拖来拖去，拖了2周。我看你一直在忙活自己的客户方案，对这个项目也没太上心。（这些也都是孟浩的观点。）

在这段对话中，孟浩很关心项目的进度，他非常渴望和徐勇一起解决问题。但是，他没有向徐勇表达内心的焦急，而是直接把焦急转化成观点输出。或许徐勇能够理解经理的心情，但孟浩对他的批评让他难以保持冷静和理智。可以想象，对话继续下去又会陷入批评—解释—争辩的不良循环。

聚焦感受的共情回应

聚焦感受的追问首先要接纳和尊重对方的情绪、感受，然后再去探寻对方产生这种感受背后的原因、顾虑以及进一步的诉求。管理者可以围绕几个要点进行更多的追问和探寻：为什么会有这样的感受、哪些事实带来这样的感受、这种感受带来什么影响等。让我们再看看，基于感受的共情回应是怎样的？

孟浩：智能推荐数据库的工作进展如何了？

徐勇：哦，我上周一就跟大家收集各自手里的客户数据了。李楠姐给我的信息不全，我跟她说了，但她还没空给我；王冰哥和郑凯哥一直在出差也顾不上做这件事，昨天刚给我数据。（大家没空、顾不上是徐勇的观点。）

孟浩：嗯，我知道你是体恤大家太忙，怕要求过多给他们造成负担（共情对方的情绪）。你说李楠给你的第一版数据不完整，王冰和郑凯昨天才给你数据。（只谈事实。）你当时怎么跟伙伴们提这个需求的？尤其是关于反馈的时间和具体格式的要求？

徐勇：我没有特别强调时间，他们都太忙了，我也不好意思催。格式，我没有要求，咱们部门不是有统一的客户信息表嘛，我想着别麻烦大家再做整理了，直接给我，我统一整理。没想到李楠姐用的表格跟大家不一样，所以就缺了点信息，我让她完善后再发来。我知道有点来不及了，我今晚会加班把数据先整理出来，赶赶进度。

孟浩：看来你现在也觉得有点时间压力了（共情对方的感受）。原定三周的项目，两周过去了，还停留在初始数据收集上。我有点担心后面的进度（*表达自己的感受*）。你最初对这件事情的进度是如何计划和安排的？（*探寻原先的计划。*）

徐勇：我想着只要把数据收齐了，其他时间都是我可以控制的。我原本打算上周完成数据收集，给大家足够的时间，后面的汇总、分析，我周末加班做完。这周就可以做几个模型样本测试验证了，至少这周五前可以提交 1.0 成果，但是现在要延迟了。

孟浩：嗯，我知道你宁可把压力给到自己，也想尽可能给伙伴留出时间（*再次肯定对方的感受*）。你在等待数据回传的过程中，还同步做了什么呢？（*探寻其他行动。*）

徐勇：我……我没做什么，也不好意思催大家，我就去忙客户的方案了。哎，我应该同步拿自己的客户数据先提前准备着，浪费了两周时间，是我考虑不周。

孟浩：嗯，其实现在想想除了等待，你还是有很多事可以提前做的（*肯定对方的想法*）。我知道，你现在很想把进度赶上来，但我依然有点担忧，毕竟落后了这么多（*表达自己的感受*）。当下，你觉得最紧迫的工作是什么？咱们一起看看后面怎么赶上。

在上面这段对话中，孟浩在关注事实时，还一直跟徐勇共情，减轻了徐勇的心理压力。同时，孟浩多次开诚布公地谈及自己对进度的担心，这也促使徐勇更加积极地追赶进度。

Focus 聚焦意图并生发

洞察意图

洞察意图是指要把握对方的诉求，即对方真正想要的是什么，提供支持，和他一起解决问题。在这里，首先要先跟对方确认你对他的需求理解是否正确，然后主动一起探寻解决方案。

我们先看个反面案例：

孟浩：智能推荐数据库的工作进展如何了？

徐勇：哦，我上周一就跟大家收集各自手里的客户数据了。李楠姐给我的信息不全，我跟她说了，但她还没空给我；王冰哥和郑凯哥一直在出差也顾不上做这件事，昨天刚给我数据。我打算周末加班，赶进度。

孟浩：你上周就该跟我说，我可以跟大家强调数据重要性。到现在才收齐数据，不是白白浪费两周时间？你一个人周末加两天班又能追上多少进度？我让刘萌这两天来公司帮你吧。（不管对方需要什么，直接给自己理解的"支持"。）

徐勇：其实……一个人和两个人差别不大，剩下的不是工作量的问题，而是数据建模的要素和权重匹配的问题，如果大家能给我提供一些建议就好了。

孟浩：先在小范围内做，不要动不动就把大家都拉上。你和刘萌先去处理吧。（武断地做判断，一意孤行。）

在这段对话中，孟浩面对工作进度的滞后，并没苛责徐勇，反而立刻给徐勇提供了支持，按理说他是个很不错的管理者。但是，显然他并没有耐心去倾听徐勇的需求，最后也没有给徐勇期待的支持。

聚焦意图的生发

聚焦意图的倾听和对话首先要理解和确认对方的需求到底是什么，然后和对方一起碰撞、生发，提供有效的支持。管理者可以围绕几个要点进行更多的交流：目标是什么？有怎样的计划？需要哪些资源支持？可能的风险挑战是什么？如何承诺和监督？

让我们再看看，聚焦意图的对话是怎样的？我们接着上一轮的对话继续。

孟浩：智能推荐数据库的工作进展如何了？

徐勇：哦，我上周一就跟大家收集各自手里的客户数据了。李楠姐给我的信息不全，我跟她说了，但她还没空给我；王冰哥和郑凯哥一直在出差也顾不上做这件事，昨天刚给我数据。我打算周末加班，赶进度。

孟浩：嗯，看来你也觉得时间比较紧迫了。你现在有什么打算？咱们一起看看后面怎么赶上。（了解对方的需求，表达支持和协助。）

徐勇：我计划先把所有的数据汇总梳理完，然后从行业、规模、消费频次、品类等角度逐项分析，最后围绕关键参数，以行业为基础，做不同的客户画像建模。

孟浩：嗯，你想得挺细致。你觉得如果按照这几个角度建模，是不是就能完全适用我们的客户？（提示工作任务的根本目标。）

徐勇：也不是，可能还会有些特殊的客户，如咨询公司、版权代理公司等知识服务机构。它们的办公用品消耗量是非常态的，一般的模型不能反映出来。但我觉得这类客户不算多，应该可以单独做个池子进行管理。

孟浩：好，那按照现在的进度，你后面的计划大概需要多少时间？还需要哪些支持？（聚焦细节，主动权交给对方。）

徐勇：我周末加班，先把数据清洗工作做完，凭自己的感觉做几类客户模型。最晚周一下班前应该能完成。但是，我还想召开一次会议，请大家都来看看这几个模型的构成，提些建议。毕竟王冰哥、李楠姐等服务过的客户多，经验丰富。

孟浩：好，这个不是问题。你直接发个会议邀请，周二上午咱们一起头脑风暴。你期望最终做出的客户画像模型能达到怎样的标准？（表达支持，对齐最终的成功标准。）

徐勇：我希望未来咱们80%的客户都能通过几个行业模型进行匹配，这样可以节省我们人工配货、跟进库存的时间，还能自动提醒，可以帮我们更好地管理销售计划。

孟浩：非常好。那如何才能确保我们拿出的模型能够达到刚才说的标准呢？（深挖细节，保障成功。）

徐勇：我们有将近 10 年的数据积累，尤其近 3 年的数据是具有时效性的。我们把模型做好后，试运行一遍，看看结果跟近 3 年数据的接近度，再调适纠偏。至少能先反映近 3 年的数据，这就算第一步成功了，以后用起来可以持续优化。

孟浩：行，先迈出第一步很重要，不追求一下子就达到 100 分。除了邀请大家提建议，你还需要哪些支持？（提供支持。）

徐勇：我想请技术部的伙伴帮我看下模型和代码的合理性，毕竟我是辅修的信息技术，没有那么专业。这个需求如果让技术部来做，估计排不上优先级。我主导，您跟技术部经理打个招呼，请他安排个工程师帮我检查下就行。

孟浩：好，这个应该没有问题，我来联系他们。

有些管理者可能觉得上面这段对话太理想了。面对下属明显的工作失误，哪个经理能那么冷静和克制，没有一句批评？但是，仔细想想，不管遇到多么棘手的情况，最终目标都是解决问题。除非这个员工长期存在工作态度不佳的问题，在大部分情况下，下属犯错都不是故意的。尤其是案例中的徐勇，他早就意识到自己的问题了，过多的批评和苛责只会增加情绪压力，并无助于解决问题。在这种情况下，孟浩选择理解和接纳已经发生的事，直接聚焦到徐勇未来的需求上，积极地提供支持。我们有理由相信，有了上级的体谅和支持，徐勇接下来一定会加倍努力地推进工作。

第 5 章
团队共创会

第 3、4 章分享的提问和倾听技巧更多的是应用在一对一或者一对少的沟通场景中，而管理者在日常工作中经常要面对一对多的工作场景，例如召开部门会议、跨部门商讨协同分工、与客户沟通需求等。在这些场景下，管理者需要充分调动参与者的智慧和潜能，共同找到创造性的解决方案和行动计划。这个时候，如何促进大家的高效交流就成了一项挑战。

在本章我为大家介绍一个综合性的解决方案——团队共创会。管理者可以通过设计、引导一场共创会去促进参与者的交流，集结全体的智慧。想要成功主持一场团队共创会，除了需要掌握本书第 3、4 章分享的提问和倾听技巧外，还需要掌握常用的引导工具、经典的结构化思维模型，并融会 GREAT 成长心智模型。

团队共创会

共创会的定义

团队共创会，也称团队工作坊，旨在促进不同经验、背景、文化、价值观的参与者进行高质量的沟通、决策，并落地行动。开放平等的沟通场域、结构化的对话过程和引导工具的使用都是它的典型特点。

共创会与传统会议的区别

有的读者可能会觉得共创会不就是开会吗？我们每天都在做啊，换个名字就有什么不同了？那么共创会与我们每天在公司里开的大大小小的会议有何不同呢？

明确的会议目标

共创会通常围绕一个特定的主题或挑战展开，目的是输出明确的成果，包括优化措施、创新提案、战略计划和未来行动等。

传统会议可能涉及多种议题，但大多以信息通报、检核进度、商讨后续计划为主，更多关注现状的审查和维持日常运营的事项。

精心设计的流程和方式

共创会通常经过精心设计，会议流程和交流方式都有明确的规划。包括可量化的目标、结构化的议程、高效的引导工具、轻松灵动的场域、专业的物料和视觉化的呈现方式等。

传统会议的设计可能较为随意，有时可能还会因为缺乏有效的流程和交流方式造成会议效率不高、偏离主题、议而不决，甚至有可能产生破坏性的争论、冲突，进而影响团队关系。

清晰的行动产出

共创会追求明确、具体的成果产出，如行动计划、概念模型或方案策略等，并且对参与者在后期的参与贡献和行动产出都有详细的规定和监督机制。

传统会议虽然也可能产生决议和行动，但不一定注重结论的集体确认，而且有时会议结束时可能只有粗略的共识，缺乏明确的行动承诺。

高度的参与和互动

共创会强调高度的参与和互动，鼓励所有参与者贡献想法，经常会采用

"头脑风暴""世界咖啡""团队列名"等多种引导方式，促进观点的自由流动和深度交流。

传统会议往往由会议发起方主持并主导发言，参与者只在部分环节发表意见，且发言的时候大多是个别人发言，其他伙伴参与补充。对于群体智慧的激发和调动相对较弱。

氛围和文化

共创会倾向于营造开放、平等、尊重和富有创造力的氛围，鼓励参与者大胆提出想法，激烈地进行交流和碰撞。每个伙伴都有表达意见的权利，都会被人听见和看见。

传统会议通常比较正式和拘谨，发言顺序往往按照参与者与话题的相关性和在组织中的层级来决定，可能会抑制大家的创造性。

共创会的引导师

管理者和团队成员都可以成为引导师

团队共创会的主持人是决定这场共创会成功与否的重要因素，通常我们将这个角色称为引导师。谁适合做引导师呢？从现在的组织实践来看，有三种角色可以担任共创会的引导师。

外部顾问：他们的实操经验丰富，技巧娴熟，专职为企业提供共创会的设计和引导交付。比如芭蕉就是这个身份。

专业职能部门：公司内的人力资源部、培训部、组织发展部、项目管理部、总经办、战略规划部等支持性部门。他们的工作职责决定了他们有更多机会去支持业务团队进行共创和研讨。

需要共创的团队内部伙伴：可以是部门负责人、团队里经验丰富的骨干或者是跟议题直接相关的伙伴。芭蕉更倾向于团队成员作为共创会引导师的第一人选。因为团队内部的成员对要解决的问题是最了解的，在研讨过程中可以很好地把握关键点，恰到好处地延展。同样，他们对团队伙伴也更加熟悉，知道每个人擅长什么、潜在的顾虑和期待是什么，这也有助于更好地烘托研讨会氛围。我写这本书的初心就是让每个管理者和团队都能实现自我管理和进化成长。就像前面分享的提问、倾听等技巧一样，数字化时代的管理者们也应该与时俱进，掌握设计和组织一场共创会的能力。

引导师的能力要求

作为一个团队共创会的引导师，需要修炼 5 个核心能力。

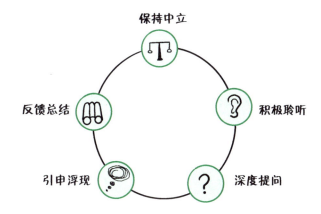

引导师的能力要求

保持中立

不介入讨论，只负责推进流程、整合观点和促进共识。对于部门负责人或者团队内部的伙伴而言，这确实有点难。我们可以先从让自己最后发言开始，然后在特定的时间不以引导师身份进行发言，逐步过渡到只要大家产出的内容足够有建设性，引导师就克制自己的分享欲，尽量不参与讨论。

积极聆听

在共创会上，引导师全程要保持高度的注意力集中，始终跟随话题的进展，收集语言和非语言的信息。伴随着聆听同步进行的是发问，通过发问帮助大家放大细节、深挖底层，从而促进话题的深入探讨。

深度提问

除了提前设计好的议题外，引导师在现场临时发出的"灵魂拷问"其实更能彰显功力。通过提问去扩大对话的空间、提示可能被忽略的因素、暴露差异和分歧、促进共识。

引申浮现

共创会的现场不是任由参与者想到哪里就聊到哪里。引导师也需要适时根据进展，凭借经验和直觉，发现一些话题中的关键拐点，将隐藏的线索、忽略的要点指出来，引导大家进行全面、深入的研讨。

反馈总结

引导师需要按照计划和目标推进研讨进程，时刻关注并向大家告知进度和成果，及时邀请大家对共识进行确认。对于来不及讨论的遗留话题也要标记出来，明确后续要如何进一步推进。

共创会的设计与引导

接下来我就和大家聊聊，如何设计一场研讨会。

共创会的底层信念

在准备举办一场共创会之前，我们先要对共创会有一个正确的理解和定位。到底怎样的共创会才是成功的？业内关于共创会的成功有很多定义，例如，开放坦诚的交流、深刻剖析问题、达成明确的共识、收获行动的承诺、改善伙伴的关系、提升团队的动力等。但是，从芭蕉这些年的实操经验来看，核心的标准就一个——参与者是否愿意毫无保留地交流和互动。因此，对于共创会的意义和价值,我们首先要有一些基本认知。

共识的过程比结果更重要

我们当然希望通过共创会得出明确的结论,例如,到底是选 A 方案还是选 B 方案?但是,不开共创会,难道我们的组织就不能做出这个抉择吗?当然不是!

之所以要以共创会的方式进行讨论,就是想要听听大家的意见和不同的声音。所以,我们更关心的是如果不能达成共识,分歧会是什么?有多少风险?哪怕是激烈的探讨、碰撞,甚至争论都是难能可贵的。即使最后没有做出决定,我们也能坦然面对。所以,不要因为担心达不成共识,就放弃召开共创会,也不要因为最终没有达成共识而否定共创的价值。

每个人都应该被听见

我们为什么要召开共创会,而不是私下去征求意见和达成共识?那是因为我们需要将不同的意见和声音都公之于众。来到共创会现场的参与者不管职位高低、经验多少,只要他对这件事情负有一定的责任,且后期会参与行动中去,就要让他的声音被听见。所以,在共创会中要设置平等、开放的交流机制,不要因为谁更资深、职位更高就可以获得意见特权。

直面分歧和冲突

曾经有人问过我:如果参与者中有些人之前私下有比较大的分歧和矛盾(如产品经理和研发工程师之间),能把他们邀请到一个现场吗?还是不要让他们见面。我的观点是:越是有分歧越是应该在一起讨论,共创会的价值不就是正视分歧,促进共识吗?表面的和谐绝不是共创会的底色。当我们带着倾听彼此和解决问题的价值观共赴共创会时,即使是激烈争论,也会是酣畅淋漓的。我们可以通过适当的流程、工具、规则化解这些分歧,化干戈为玉帛。

3H 目标设定

在对共创会有了正确的认知，树立好底层信念之后，就可以着手去设计一场会议了。首先要确定目标。我们可以从三个层面来思考一场共创会的成果目标。

Heart——树立什么信念

想象一下，当共创会结束的那一刻，我们希望在参与者的内心树立怎样的信念？这个目标是相对感性的，例如：

关于变革转型的共创会，结束后，每个伙伴都意识到"时不我待，必须立刻、马上踏上转型之路"；

关于产品创新的共创会，结束后，每个伙伴都坚信"只有嵌入客户的应用场景、解决痛点的产品才是好产品"。

Head——坚定哪些想法

当共创会结束的时候，我们希望参与者的脑海里形成哪些想法或者思路？这个目标是相对理性的，例如：

关于变革转型的共创会，结束后，伙伴们脑海里大致有了一幅蓝图：先进行一些关键的流程和系统改进，再进行小范围试点，最后大范围推广。

关于产品创新的共创会，结束后，伙伴们脑海里已经形成了关键路径的共识：深入客户场景做调研—设计研发新产品—邀请种子用户做内测—全面推出上市。

Hand——执行哪些行动

当共创会结束的时候，能够落实到每个参与者身上的、可以执行的行动计划有哪些？这个目标是更加具体的，例如：

在变革转型的共创会后，项目管理部的伙伴负责跟各部门对接监督进度，研发部的伙伴负责新系统开发，运营部的伙伴甄选3个试点分支网点，市场部的伙伴负责规划广告投放等。

在产品创新的共创会后，产品部的伙伴奔赴客户一线进行调研，研发部的伙伴设计功能组件，运营部的伙伴邀请内测客户等。

一场成功的共创会，不是单纯的"打鸡血"，也不是只有思想上的统一或者生硬地布置行动任务。它应该自然而然地给参与者带来全方位的影响，3H目标的组合可以很好地达成这个效果。"内在信念—理性想法—实际行动"三个层面的共识才能真正带来改变。

接下来我就谈谈如何通过结构化的流程设计、引导工具的应用、立体场域的营造等来推动这三个目标的达成。

问题—主题—议题

在设计共创会流程之前，先要区分三个"题"。

问题

这通常是触发一场共创会的初始原因，包括团队当前面临的发展阻碍、能力上的不足、未能达成的目标等。例如，某公司下设的几个部门在协作过程中存在严重的"部门墙"、目标不一致、各自为政等现象。

问题—主题—议题

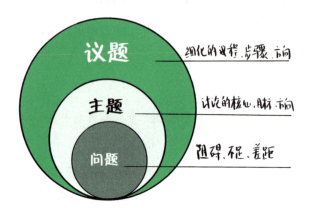

问题的表述通常是负面的、消极的，因为团队通常是在感受到挑战和压力时，才会有办共创会的想法。

但问题通常只有引导师或者需求方进行深入地了解和剖析，并不需要提前公开给所有的参与者。

主题

主题是共创会中重点讨论和决议的内容，往往也是对外面向全体参与者发布的。主题的描述方式可以套用一个公式——如何+动词+问题。例如，"如何提升事业部各部门的合力"。

从问题到主题转换的核心是**负转正**。将一个负面的问题转成正面的期待，因为只有正向的、积极的话题才能激发团队的憧憬和畅想。哪怕问题再棘手、再困难，也要用负转正的方式重构正向的主题。

议题

议题是为了解决问题，是围绕主题分解出的、更细化的讨论步骤和框架。它是共创会外显的表现，是可以被所有参与者感知到的。先讨论什么、再讨论什么、最后得出什么……我们可以将它简单理解为会议通知里的议程。例如，延续前面的问题和主题，我们可以将共创会的议题设置为：

- 团队当下协作的现状是怎样的？
- 造成隔阂的深层原因是什么？
- 共同的目标是什么？
- 跨越障碍的方法有哪些？

但议题的设计是一门学问，议题直接决定了共创会的结果。我们怎么思考问题，就会怎么解决问题；我们讨论什么，就会产出什么。议题就是大家分析问题、解决问题的思路，思路错了，结果肯定对不了。

想要能够针对共创会的需求和目标，设计出好的议题，需要一个重要的前提——拥有良好的结构化思考习惯和丰富的结构化理论框架储备。

结构化的流程

我们来通过一个具体的例子感受结构化思考和研讨过程的力量。

继续延续第 3、4 章孟浩团队的案例。这个季度，孟浩团队出现了一个问题——某款打印机的返修率比以往高了许多，由此也引发了一系列的客户投诉、运营成本增高、退单等情况。孟浩决定开个召开共创会，商讨对策。针对这个的问题，我们可能有两种讨论的流程。

方式一：无结构的研讨

返修机器的问题都集中在哪些方面，我们如何解决这些问题。

这个流程其实非常常见，很多团队开会就是这么开的，从问题到答案，两步搞定。用这种方式找到的解决方案有可能是浮于表面、狭隘短视的。

无结构的研讨

机器有哪些问题？ ——————→ 如何解决？

方式二：有结构的研讨

现在，我们换个讨论流程，按以下的顺序来进行：

1. 现在返修暴露的故障都是什么？
2. 有哪些与以往不同的变量因素？
3. 可能产生故障的原因都有什么？
4. 我们有哪些备选的解决方案？
5. 按照"成本—收益"矩阵对上述解决方案进行分析，我们的优先行动应该是什么？

有结构的研讨

很明显，这个流程对问题的分析就更深入、更系统。"故障类型—变量因素—根本原因—解决方案—最优解"就是一个结构化的研讨过程。关于如何分析一个问题，很多团队有自己的习惯，尤其是在一些专业领域，大家可以直接沿用。此外，我建议共创会的设计者和引导师，应该在脑海里储备丰富的结构化模型，以便应对不同的需求和话题。

在本书的第 7 章，芭蕉为大家梳理了 38 个理论模型，覆盖了日常管理中的战略规划、创新变革、团队建设、知人善任、业务分析等多个方面，都是业内比较常用且经典的理论框架。管理者不但可以用它们来引导共创会，也可以用来指导自己日常的管理工作。

引导工具的应用

对于一场共创会而言,既要关心"聊什么",又要关心"怎么聊"。如果结构化的流程是解决"聊什么"的问题,那么引导工具就是解决"怎么聊"的问题。如果我们只是3个人在一起探讨问题,怎么聊都不会有障碍,畅谈即可。但是,对于十几人、几十人甚至更多人的沟通,"怎么聊"就需要精心设计了。

引导工具主要是用来解决"怎么聊"的问题。例如大家耳熟能详的"头脑风暴"就是一个非常经典的引导工具,与之类似的还有"世界咖啡""金鱼缸"等。我们先通过一个例子来感受下引导工具的价值。

继续前面孟浩团队的案例,为了解决某款打印机的异常返修问题,孟浩团队决定邀请产品部、采购部等相关部门召开共创会,会议一共有20人参加,现在讨论到"造成质量问题的根本原因"这环节。

方式一　自由发言

我们可以想象现场大概是这样的:有人先想到说了一两点原因,然后另一个人补充了一两点,后面的伙伴可能还会陆续补充,但最多五个人过后,发言就结束了。

这个过程中会出现几个问题:

- 因为时间有限,不可能每人都发言,这也就意味着可能有人有很好的观点但没有机会表达。
- 后发言的人会受到先发言的人的影响,失去了独立思考的机会,甚至有人干脆就附和。
- 内容都停留在口头上,有心人可能会记录,但大部分人就是随便听听。这个过程中的意见没有被呈现在所有人的面前。

方式二 便利贴头脑风暴

现在，我们换个发言方式：

1. 我们先准备一些便利贴和白板笔，分发给大家。

2. 现场以产品部、采购部、运营部为单位，每个组分别研讨并将内容写在便利贴上。

3. 各组将便利贴贴在会议室的玻璃上、白板上，甚至墙上，进行通晒。

4. 一边交流一边筛重，最后保留不重复的内容。

5. 将所有的原因再归纳，将根因放下面、表因放上面。

这种方式的优势是：

- 每个人都能参与讨论，充分发表意见，不受他人影响。
- 将观点写在便利贴上，更加清晰可视化，大家均可见。
- 通晒、筛重的过程既能保证充分交流，又能节省逐一发言的时间，提高效率。
- 可随意挪动的便利贴，方便整理和归类。

便利贴头脑风暴就是一个可以在短时间内让更多人参与进来，且提高研讨效率的引导工具。这是一个非常简单易操作的方式，但还是有很多团队在开会的时候没有用过。

本书的第 6 章整理了 20 个常用的引导工具，我为大家详细解读了每个工具的应用场景、操作过程并配备了动画版的动态演示，方便大家学习理解。

结构化流程和引导工具的匹配

我在这些年的实践中发现新手引导师在初期很容易陷入一个误区——把共创会的重点放在引导工具的选择和应用上。一场共创会就是好几个引导工具的堆砌，花样越来越多，全程不重复。引导师忙着切换工具、走流程，参与者也被指挥着按照各个工具的要求进行一轮又一轮的讨论，似乎不是在深入交流，而是在赶流程。

其实，一场成功的共创会首先要设计的是结构化的研讨流程。先想好要聊什么，再去设计怎么聊。聊什么是主线任务，直接关系到共创会的目标达成和产出。而引导工具的选择，则是可变的，可以根据议题性质、时间、人数甚至场地来进行匹配。下面我们来看如何将引导工具与研讨流程进行匹配？

议题的性质

研讨议题是感性的还是理性的？是具象的还是抽象的？

"隐喻"这个引导工具就比较适合感性、抽象的话题。例如，3年后，我们的团队会是怎样的？

"头脑风暴"就适合理性、具象的话题。例如，造成客户不满意的原因都有哪些？

如果上述两个议题的引导工具互换一下，你就会发现："头脑风暴"用来讨论未来显得有点过于严肃和刻意，无法激发想象力；"隐喻"用来探讨原因就很难深入和具体。

个人参与和思考的深度

有些议题需要每个人都思考和参与，可以用漫游挂图或者书写式头脑风暴。例如，在团队协作中，你感受到的主要阻碍和困扰是什么？

有些议题以小组为单位就可以，不需要每个人都独立思考，可以用头脑风暴或世界咖啡。例如，我们有哪些方法能克服团队协作中的阻碍？

时间长短

议题讨论环节有多少时间可以用？有些引导工具是比较耗时的，例如"世界咖啡""同类整理"，同样的议题，用"漫游挂图"就很省时。

场地大小

现场的空间有多大？例如"世界咖啡""谈话球"就需要比较大的场地才能进行，但是"头脑风暴""隐喻"，只要大家能坐得下，就能应用了。

适合的人数

这个工具可以支撑多少人同时做研讨？"漫游挂图""世界咖啡"就可以承载 30 人以上的讨论规模；"谈话球""同类整理"超过 30 个人就不太容易操作了。

这里，我将第 6 章的引导工具按照几个维度进行了整理，供大家参考。

引导工具	个人思考深度 浅→深	适合人数 少→多	耗时 少→多	占地 小→大
刻度衡量	☆☆	☆☆☆	☆	☆
漫游挂图	☆☆☆	☆☆☆	☆☆	☆☆☆
头脑风暴	☆☆☆	☆	☆☆	☆
书写式头脑风暴	☆☆☆	☆	☆☆	☆
同类整理	☆☆	☆☆	☆☆	☆☆
世界咖啡	☆☆☆	☆☆☆	☆☆	☆☆
隐喻	☆	☆☆	☆	☆
投票筛选	☆☆	☆☆	☆	☆
外交大使式分享	☆☆☆	☆☆	☆☆	☆
谈话球	☆	☆☆	☆☆	☆☆
二维矩阵	☆☆	☆☆	☆	☆☆
力场分析	☆☆	☆	☆☆	☆
反复辩论	☆☆☆	☆☆☆	☆☆	☆
最后的勇士	☆	☆☆	☆☆	☆☆
偷点子	☆☆	☆☆	☆☆	☆
爆米花	☆	☆☆	☆☆	☆
时间画廊	☆☆☆	☆☆☆	☆☆	☆☆
空椅子	☆☆	☆☆	☆☆	☆☆☆

第5章 团队共创会

（续）

引导工具	个人思考深度 浅 → 深	适合人数 少 → 多	耗时 少 → 多	占地 小 → 大
入/离场调查	☆☆	☆☆☆	☆	☆
需求与给予	☆☆	☆	☆☆	☆

注：星星越多，代表程度越强。

共创会的场域搭建

共创会的场域是指在一个特定的物理或虚拟空间中，参与者体验互动、交流、共创的环境。这个场域不仅包括物理环境（例如，会议室、虚拟线上平台等），也包括参与者感受到的氛围、文化、规则以及参与者之间的关系等。好的场域可以让参与者感到安全、开放、平等和流动，不好的场域会让参与者拘谨、不安甚至抵触。接下来，我分别从物理场域和心理场域两个角度跟大家分享场域的构建。

物理场域之五线谱原则

物理场域就是参与者身处的客观环境，包括会场、灯光、温度、座位摆放等。我将物理场域的打造总结成了五线谱，便于大家记忆和上手。

空间：桌椅可挪动，墙面平整可张贴，无视觉死角和中心焦点。空间宽敞开阔，光线充足，通风良好，最好有前、后两个出入口。

视觉：目之所及最好都是五颜六色的，包括引导布、书写的卡纸、横

幅、展架等尽量包含多种颜色。丰富的颜色让人心情开朗、愉悦，可以更好地激发创造力。

听觉：共创会的现场一定要确保每个人的发言都可以被清楚地听到，必要时要准备性能良好的音响设备。同时，也少不了音乐的点缀，舒缓轻柔的音乐可以调节情绪和现场氛围。特别是在小组讨论、独自思考的时候，适时的播放音乐，可以自然而然地引导参与者。

味觉：有条件的情况下，可以给会场增加一些味觉体验。例如，柠檬味的清新剂或者精油，可以提神醒脑。你也可以准备一些包含酸、甜、苦、辣、咸的茶歇食品，例如，咖啡、话梅、薄荷糖、豆腐干等，供参与者缓解疲劳和饥饿感。而且，茶歇零食还能调节气氛。芭蕉有个发现——嘴里含着糖的人，说不出难听的话。每当讨论进入焦灼状态时，甜蜜的小零食会帮人减轻压力，从内心到言语都变得更亲和。

触觉：相信大家都有这样的体验，开会或者培训的时候总是忍不住看手机。有些组织方为了不让大家看手机，甚至采取比较极端的处理方式——提前没收手机。这种强制的手段并不会让大家更投入，反而会有参与者因为看不到手机而感到更焦虑。

其实，大家看手机不是因为真有紧急的事情需要处理，只是一种习惯，甚至是为了缓解无处安放的手。我们只需要增加一些触觉体验，就可以轻松化解这个问题。可以在桌子上放置一些小玩具，例如，橡皮泥、乐高、玩偶、手办（不会响的）等。大家在思考和交流的过程中会不经意地拿起它们把玩，这让焦虑不安的情绪被缓解，思维更敏捷，而且摸手机的频率也降低了。

物理场域之分区设置

为了让共创会进行得更顺畅，一定要提前调查环境，并做分区规划和安排。通常，共创会的现场需要包含以下几类功能区域。

讨论区

共创会最核心的区域就是讨论区。大家集中在这个区域里交流、讨论，所以必须保证大家可以方便地挪动位置、看见彼此。我比较推荐的桌型是圈椅式摆放，大家围圈而坐，成圆形或者U形。如果会场空间不够，也可以设成岛屿状。

书写区

在共创会中，大家需要随时将想到的、说出的内容记录下来。因此，现场一定要给大家留出可以书写的区域。如果有足够多的白板架是最好的；桌子或者带桌板的椅子也可以；如果实在没条件，可以给每人配一个浅口的托盘，既可以盛放物料，又可以反过来当书写的垫板。

共创区

研讨过程中随时需要将大家产出的内容同步张贴到墙上,以便公示和澄清。这就需要在墙面上留出足够的位置,原则上不少于两块引导布。这个区域用于对新生成的内容进行展示和讨论,所以区域通常都要安排在全场的视觉C(中心)位上,例如,正前方或者两侧的墙。

值得一提的是很多会场是长方形的,通常窄的一面会作为正前方(有投影幕布),长的一面作为侧面。但是,从空间位置角度来说,长的一面更适合做共创区。我建议大家将会场的"正前方"调转90度,以长边作为主墙。

沉淀区

共创会全程产出的内容,要随时张贴在墙上供大家回溯,所以不能有任何产出被隐藏在桌子底下。要提前规划好墙面的沉淀区,随着研讨的进行,将每个阶段的结论和产出按时间顺序张贴出来。通常直接用美纹胶带贴在墙上就可以。

活动区

如果有条件,最好能设置一个专门的活动区,开阔、平整、没有遮挡物,以便做一些破冰、传球发言、鸡尾酒会等引导活动。

物料补给区

共创会需要用到很多物料,尤其是书写用到的白板笔、彩色卡纸等消耗量比较大。可以在会场的后方设置物料补给区,方便随时补充物资。

心理场域的营造

除了物理场域，心理场域的营造也很重要。心理场域是无形的，有时候发言者的一个眼神、一句话、一个表情都会引起其他参与者情绪的变化。

芭蕉曾经历过一个案例，本来大家讨论得很热烈，突然有个人起身离场了，我当时以为他可能是有个紧急的电话要处理。但是，他离场后整个会场的气氛就变了，大家突然变得谨慎、克制，不再畅所欲言。后来，我才知道那个人是跟这个话题有着密切关系的人之一。那个事情一直推行不下去，跟他和他团队的抗拒有很大关系。他的离开，让大家误以为他是对讨论有意见。

因此，作为引导师要时刻关注全场，营造开放、平等、安全的心理场域。接下来我分享如何应对几类常见的"问题"参与者。

散播负能量

- 前期尽量识别有这种倾向的伙伴或小团体，在安排座位时注意不要让负能量的人聚集。
- 当他拒不参与时，不要刻意让他发言，可以通过谈话球、书写式头脑风暴等方式让他自然参与。
- 当他公开发表消极言论时，不要强势制止，可以让他提出消极意见，请大家一起讨论。一方面用尊重来激发他的正能量，另一方面也通过大家的反馈让他有所觉察。
- 私下与他交流，了解他的情绪问题，邀请他参与共创会，这或许是给他自己和团队的一个机会。

偏离议题

- 及时地问大家"我们现在讨论的内容是否与主题相关"，邀请大家一起关注进度。
- 请发言者澄清内容与主题的关系，集体决策是否需要沿着这个方向继续。
- 在经过大家一致的决策和允许后，将其暂时搁置在"停车场"上，先回归正题。
- 所有正题的讨论结束后，再回到"停车场"上，确认是否还需要继续讨论曾被搁置的话题。

内向寡言

- 先用感性的方式开启，如入场调查、刻度衡量、隐喻等，让内向慢热的人逐渐打开话匣子。
- 可以用书写式头脑风暴、漫游挂图等方式让其先自行思考和表达，逐渐参与进来。

争论不休

- 不要急于制止和平息争论，允许争论持续一会儿，让大家充分地表达。
- 邀请大家将争论的焦点和不同的观点写下来，清晰地呈现在墙上，请各方品读不同的观点。
- 邀请大家分析不同观点背后的目标差异，站在共同目标的角度重新讨论、共识。

意见麦霸

- 采用谈话球或者指定每组发言顺序（例如，从小组第几个伙伴开始，逆时针发言，可以将他安排在最后一位）等方式来控制他的发言机会。
- 必要时，公开肯定他的贡献，同时提议他把更多的发言机会给其他伙伴。
- 准备一个计时器，对较长的发言可以设置提醒，或者安排一个计时员，遇到发言超时的情况，由计时员来提醒。

O-GREAT-E 共创会全景路径

前面为大家详细介绍了目标设定、议题转化、结构化流程、引导工具、场域构建等设计一场共创会必备的基础知识，但是相信对于很多新手引导师而言，还是难以立刻设计出一场共创会。

对于一个短则 2 小时、长则 3 天的共创会而言，每个环节都是很具体的，都要精心设计。从哪里开始？到哪里结束？中间要经过怎样的发散和收敛？每个环节大概需要多少时间？……

为了方便大家上手，我结合多年的实操经验，将一场共创会的开展路径提炼成一个"O-GREAT-E"公式，这其中的 GREAT 就是第 2 章里分享的 GREAT 成长心智模型。在第 2 章中我们介绍过，GREAT 成长心智模型是用来分析和解决问题的思维框架，共创会也是为了解决某个问题，因此，这个框架也可以用来做共创会的研讨流程。

O-GREAT-E共创会全景路径

Open（O）开场联结

一场好的共创会，要从有力的开场开始。虽然这个环节占用不了太多时间，但是，好的开场会让整个共创会都变得自然、高能和顺滑；如果开场环节没做好，后续的环节就会变得突兀、生涩和卡顿。

特别要说明的是，很多伙伴误以为这个环节就是自我介绍或者做个游戏热热身，我们经常将它称为"破冰"。对"破冰"的理解是对的，但是，我们要破的是什么冰？如果是天天在一起并肩作战的团队伙伴，还需要自我介绍吗？如果是就一个突发的重要事件进行研讨，大家还有时间做游戏吗？关于开场，不管怎么设计，都要围绕以下两个联结：

参与者与主题的联结

为了让参与者更好地投入讨论，必须要解决一个问题——这个话题跟我有什么关系？只有先建立起参与者和主题之间的联系，大家才能够投入地思考和共创。常见的方式有：

高层致辞——请高层领导来站台，分享问题需要被解决的迫切性，表达对大家的期待和鼓励。

入场调查——调查参与者对话题的了解程度、参与程度、感受到的挑战或期待的成果等。

议程介绍——引导师分享研讨会的议题、产出目标及时间，让大家对整场会议有兴趣和期待。

参与者之间的联结

如果参与者是同一个部门的伙伴，平时很熟悉，那么这个环节就可以省略。但如果参与者来自不同的部门，甚至有来自外部的客户、供应商等，就有必要花点时间来做这个联结。大家只有认识彼此、知道各自是以什么身份来参与活动的，才能够找准各自定位，自然地畅谈。常见的方式有：

破冰游戏——类似于鸡尾酒会、自我介绍等活动，帮助大家熟识。

找共同和不同——每个人可以先后分享自己与其他伙伴相同和不同的特点，例如，都是健身爱好者或者曾经徒步穿越沙漠等。通过更多个人信息的公开，增进彼此的感情。

Get 汲取信息

开场联结结束后，就可以正式进入主题研讨了。第一步是要让参与者对研讨主题的相关基础信息有系统的了解和概览。只有大家对背景信息充分了解后，才能做深入的探讨。通常来说，基本信息包括但不限于：相关的数据、现象、事实、反馈等。下面我们一起来通过一个例子感受每个环节。

某公司发现随着规模的壮大和人员的增加，组织逐渐变得低效，流程长、决策慢、沟通复杂已经成了很多人的困扰。为此，公司决定召开一个主题为"如何提升组织效能"的共创会。

Get 的环节可以这么做：

邀请伙伴们围圈分享目前组织里存在的、关于组织效能低下的现象或者痛点，例如，员工时间的消耗、组织效率的降低、形式主义的蔓延、官僚主义的滋长等。不需要指定发言顺序，也不必强制某人发言。为了激发大家踊跃发言，可以拿一个谈话球让成员相互传递，一个人发言结束就扔向另一个人。同时可以安排一名伙伴担任助教，把大家发言的内容记录在白板上。

Reflect 反思现状

当大家对话题的基本信息有了通盘的了解后，就需要结合现状进行反思分析。只有深度地反思，才能找到真正的问题所在，这个部分可以主要围绕：原因、根因、影响因素、变量因素、成功要素、失败关键点等展开。

Reflect 的环节可以这么做：

将上一轮大家分享的组织效能低下的现象快速归纳为几类（建议不超过5类）并写在海报纸上，每张海报纸上写一类，分别张贴在会议室的四周。邀请大家就像在画廊参观一样，随意走到某一张海报纸前，想想造成这些现象的原因。直接用笔书写在海报纸上，如果前面已经有人写了，浏览者不想补充，可以直接略过，去看下一张。

分几个不同的小组对海报纸上的留言内容进行归纳整理，找出导致各种现象的根因并分享。

Explore 探索新机

前两个环节是面向过去的，接下来这个环节是面向未来的，也是整个共创会的转折点。大家充分地交流、献计献策，就未来如何行动展开讨论。通常，这个环节主要围绕：解决路径、创新提案、改进策略等展开。

Explore 的环节可以这么做：

将已经找到的现象和根因平均分配给几个小组，让小组一起根据现象和根因找解决方案。采用世界咖啡的形式，每组的桌长不动，其余成员要逐轮参与各类现象的讨论，轮换着坐到不同的桌前研讨和补充，找到更多的解决方案。不用考虑方案的可行性和实施难度，只需要鼓励大家充分想象和交互。

Assimilate 整合策略

在上一个环节我们产出了很多行动建议，但这并不意味着所有的建议都要落实。这个时候就需要根据公司的资源情况、实际操作可能性、效果等进行筛选和优先级排定，选出最优的行动。

Assimilate 的环节可以这么做：

在墙面上打上一个"实操性—效果"的矩阵，将各组提出的解决方案在矩阵中逐一论证和筛选，最终集体决定优先推行 3~5 个解决方案。

Transform 转化行动

当我们筛选出了准备采用的解决方案后，就要落实到具体的行动计划里，共创会的价值就在于参与者也是行动者，大家参与了行动的决策，自然就会更好地执行。这个部分通常围绕：什么时候执行、谁来执行、可能面临的挑战及应对策略、阶段性的目标和产出等进行分解。

Transform 的环节可以这么做：

重新分组，把跟各类行动直接有关的部门或者岗位人员集中到一个小组。例如，会议制度的修订就由行政部的成员一起讨论，信息系统的搭建就由 IT 部门的成员一起讨论……根据不同行动来制订具体的实施计划。

Ending（E）总结承诺

虽然已经在上一个环节得到了实施计划，但是共创会不能匆匆结束，还需要对产出的决议再次进行意愿强化。决议和行动方案是大家集体研讨出来的，但最终行动的落实还是要靠每个个体来完成。结束可以重点围绕：总结回顾、确认共识、强化信念、获取承诺等展开，常用的方式有：

总结确认——带领大家回顾研讨的路径和每阶段内容，并对最终成果进行确认。

围圈分享——参与者围圈站立或者一人一句分享今天最大的收获、最深的感触等。

离场调查——对大家当下投入行动的意愿度、信心度进行评估。

贡献宣言——邀请每个人对自己可以为项目和团队做的贡献进行公开发表。

组织效能提升共创会

以上就是"O-GREAT-E"的路径，它给引导者提供了一个完整的共创会设计全景。不管是什么主题的共创会，都可以参考这7个步骤进行设计和推进，从而确保研讨的全面、深入和有效。芭蕉用这个流程设计操盘了上百场共创会。在本书的第8章到第11章中，我会针对企业日常16个典型管理场景，用这个路径为大家设计配套的流程，方便大家直接参考。

第 6 章
引导技术及工具

引导技术的起源和定义

引导技术的起源

引导（Facilitation），现在也被称为催化技术、促动技术。引导技术的起源可能没有一个确切的历史起点，事实上从古至今，我们在日常的生产、生活中都不缺乏引导的场景。例如，传统的大家族和村寨里，村民们需要议事，村主任或者族长就要承担起组织的责任。在这个过程中他需要不断地引导村民们提出自己的意见、处理分歧和矛盾、整合共同的利益，最后达成共识和做决策。在 20 世纪 60 年代前后，引导技术被正式作为一个特指的专业名词提出，它的发展受到了许多理论和实践的影响，如心理学、行为学、成人教育理论、团体动力学、组织发展理论等。它先是在西方国家被实践、应用并研究，2000 年以后逐渐在我国被应用和推广。现在引导技术已经被广泛应用于沟通、研讨、开会、培训、行动学习等各种场景。

引导技术的定义

关于引导（Facilitation）的定义，还没有统一的界定。比较常见的概念有以下几种：

国际引导学院（INIFAC）的定义：引导是一种艺术，也是一种科学，它能帮助群体更有效地研讨并做决策。它所使用的工具和流程能够鼓励大家利用各自不同的背景、价值观、兴趣及能力,做出更高质量的决策,提升生产力,改善团队动力。

国际引导师协会(IAF)的定义:引导是一门艺术和实践,它专注于通过设计和引导过程来鼓励所有相关人员积极参与。这一过程旨在激发人们的归属感与创造力,促进团队成员有效沟通,共同达成既定目标。

在英格里德·本斯的《引导:团队群策群力的实践指南》一书中将其定义为:引导是一项能够有效调动一群人的团体动力,并促进高质量合作的能力。引导也是一种领导风格,让团队成员拥有决策的权力,引导者也能够更加聚焦在创建团队协作氛围、提供结构和工具、促进团体有效互动上。

从以上几个不同的定义中,都能找到共性的关键词——引导群体、促进讨论和共识、激发创造、有效互动、提升团队动力等,而这些词都是领导者在管理团队时期望看到的。

常用的引导工具

在了解了引导的基本概念后,我们就可以着手学习一些常用的引导工具。为什么在谈到引导的时候,工具显得那么重要?要知道,我们在一对一沟通的时候,几乎不需要考虑用什么方式或者载体,只要两个人保持开放的状态,积极聆听和对话就可以了。但是,10个人、20个人甚至更多人在一起交流时,光是把这么多人的意见收集上来,就需要很久。这其中还会有超时、分歧、争论、跑题、冷场等各种问题。如果用对了方法和工具,效率就会大大提升。所以,我们也称引导工具为催化工具。就是要通过特定的流程和方式,让对话更好地开展。

本章,芭蕉为大家介绍20个常用、经典、简单易上手的工具。由于业内对引导工具的称谓不尽相同,还有很多专业人士也在不断地探索,陆续会有新的方法和名词诞生,所以下列引导工具的称谓以芭蕉最初学习这个工具时的定义为准。请读者不要纠结名称，多关注工具的用法。

刻度衡量

刻度衡量可以快速地将很多人对某个问题的认知程度做统计和公示，且能够通过视觉化的呈现方式让大家一目了然地看到分布和趋势。适合 50 人以内的会议，有一面墙或者一个白板架就可以，用时大概 10 分钟。

应用场景

衡量准备度：例如，即将进行一次转型变革，大家从心理到能力的准备度。

衡量认可度：例如，对公司新推出的政策或者产品，大家的认可度和接受度。

衡量掌握度：例如，对某个知识、法规，大家的了解和掌握程度。

衡量意愿度：例如，对即将推出的新计划、新战略，大家践行的意愿度。

操作步骤

- 在墙上用美纹胶带贴一个 1 米 ~1.5 米的横线，平均画出 1~10 的刻度线（如果空间足够，也可以将这个刻度尺贴在地上，确保大家可以站下）。
- 说明 1 分和 10 分的评估标准或者每个区段的评估标准。
- 请参与者根据自己的情况在刻度尺上贴点、打钩或者站位。
- 邀请大家一起看看整体结果，如一半的人在 6 分左右的位置、极个别的人站在 1 分位置等。

注意事项

- 一定要说清楚每个分数的评估标准，确保大家在一致的理解程度和标准下进行评估。
- 强调根据个人情况自行评估，不需要跟其他人讨论，以免相互影响。

- 无须对平均分或每个区段的分数进行精确计算，看到整体的分布趋势即可。
- 在必要的情况下，可以在研讨前后分别做衡量，以观察团队的认知变化。

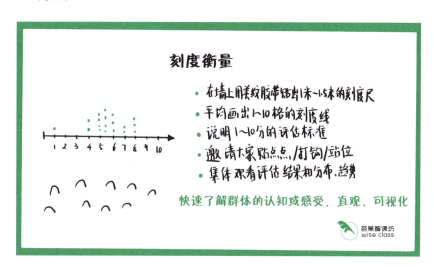

漫游挂图

漫游挂图可以在短时间内收集多人对多个话题的意见，且每个参与者都能够参与所有话题的贡献。参与者也能够独立、放松地思考，不会被他人的节奏和观点影响，而且还可以相互启发。对于内向、慢热的人而言，这个工具尤为友好。适合40人以内、6个以下话题的会议，时间在25分钟左右。需要比较大的场地，且会场内要有足够宽的平整墙面。

应用场景

同时讨论多个话题，例如，从新员工、老员工、管理层、外部客户等角度分别谈谈对公司企业文化的体验和理解。

同时讨论一个话题下的多个子话题，例如，从原材料、人工、竞争、研发等多个角度分析如何降低产品的价格。

操作步骤

- 将不同的主题写在不同的白板纸上,分别张贴在会场四周的墙上。
- 每个人按照"驻足—浏览—思考—留贴/加1"的节奏,游走在各个主题之间。
- 到了一定的时间(基本保证大部分人都已完成),就结束。
- 可以集体进行逐个话题的分享,也可以由不同的小组负责不同话题的整理,再集体分享。

注意事项

- 邀请大家拿着笔和便利贴,起身离开座位,一边走一边浏览、思考。而不是坐在座位上,把每个主题的观点都写好再去贴。
- 每个人随意游走,无须遵循特定的顺序,哪里人少就可以先去哪里。
- 如果走到某个主题前,已经有了很多留贴,新来者也可以不补充,只需要在已有的贴上+1,表示自己也有相同意见即可。
- 每张白报纸之间的间隔距离尽量大,不要过于拥挤,确保大家可以在会场里逛一逛。

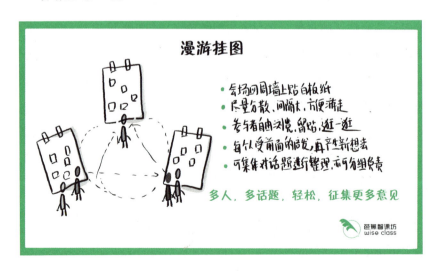

头脑风暴

头脑风暴是一个适合 8 人以内的小组交流方法，它可以保证每个人都能够平等、充分地表达观点，激发群体的智慧。每组讨论时间控制在 15 分钟以内，在白板架或者在桌面上用白板纸书写就可以，几乎不受场地限制。

应用场景

适用于工作场景中任何话题的讨论，例如，我们的服务可以有哪些改进空间、如何在竞争中突显核心优势等。

操作步骤

- 首先允许每个人就话题发表观点，不否定、不批判、不抛弃。
- 所有人的观点都被记录，且全员可见（写在白板纸上）。
- 如果是同样的观点，不重复记录。
- 疑似同类观点一定要经过澄清和小组共识后才能合并。
- 采用贴点或举手等方式投票，给所有观点排优先级。

注意事项

- 强调一定要接纳所有人的所有观点，思考没有对错，观点没有好坏。
- 要确保足够多的观点产生后，再进行筛重合并，排定优先级。

书写式头脑风暴

这是头脑风暴的一种变形，它可以让每个小组成员都有独立思考和表达的空间，确保深度和充分性。可以化解被"意见麦霸"主导谈话的风险，对于内向的人而言，这个方式非常友好和安全。适合8个人、15分钟以内的会议，有一个不太大的桌子（确保大家伸手就能碰到交换区）就可以做到。

应用场景

适用于需要每个人都深度思考的重要话题，例如，影响我们明年战略达成的关键因素有哪些？但是，这个工具不适合需要写很多字才能表达清楚的话题，例如，做一份关于产品特性的说明。

操作步骤

- 小组成员围坐在桌前，桌子中间留出一块"交换区"，人手一张A4的彩色卡纸。
- 大家同时在自己拿着的纸上写下对于话题的观点，一次只写一条。
- 写完一条，就将手中的A4纸扔到桌子中间的"交换区"，并拿起任意一张纸，继续写。
- 每人在写之前可以先了解已有的观点，然后继续补充。
- 重复"写—扔—拿新的—继续写"这个过程，3~5轮。
- 几轮后，大家一起找出所有A4纸上共同的观点，并排定优先级。

注意事项

- 偶然拿到自己开始用的那张纸，也是可以的。
- 要求大家保持安静，无须讨论，给每个人独立的思考、书写空间。
- 大家的节奏难免不同步，偶尔出现交换区没有纸的情况，耐心等待一会儿就可以了。

同类整理

这是一种可以充分收集观点、集体深度讨论的工具。参与者在这个过程中相互启迪、滋养、理解。这适合 30 人以内，大概 40 分钟的时间，并要有一面空白墙可以贴 1.5 米 ×1.5 米的引导布。

应用场景

适用于需要充分收集意见、深度讨论的重要话题，例如，我们当前主要的劣势和短板有哪些？当前与我们的价值观不适配的行为都有哪些？

操作步骤

- 邀请大家用 B5 大小的彩色卡纸，横向、用粗笔书写。
- 每人 N 帖或每组 N 帖（全场总帖量不超过 60 个）。
- 引导师引导大家进行归纳整理，相同的观点纵向贴，不同的观点横向贴。
- 有争议的时候，由卡片的原创者来解释并决定归属。
- 对整理后的每列卡片进行重构再命名，写在新的卡片上，置于该列最上方。

- 可以通过投票的方式对最后产出的所有观点进行整理和筛选。

注意事项

- 引导师收齐所有卡片后，可以先打乱顺序，避免在很长一段时间没有出现同类卡片的情况。
- 澄清、解释、交流的过程比分类、归纳更重要，要引导大家就卡片内容充分讨论；
- 对于有争议的卡片，先单独放置一列，不要强行合并，最后再来重新审视。

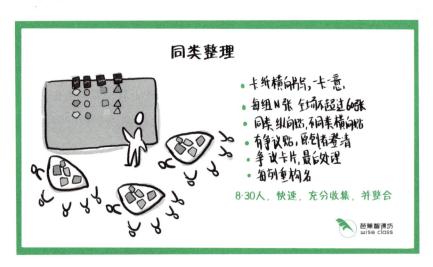

世界咖啡

这是一种可以支持多人（100人以内）同时参与会议的工具，可以让每个人都深度参与多个话题的讨论。人数越多、话题越多，所需要的场地也就越大、时间也就越多。

应用场景

同时深度讨论多个话题，例如，从新员工、老员工、管理层、外部客户等角度分别谈谈对公司企业文化的感知和体验。

同时深度讨论一个话题的多个子话题，例如，从原材料、人工、竞争、研发等多个角度分析如何降低产品的价格。

操作步骤

- 全场可以有多组（8组以内为佳），每组讨论不同的话题。
- 可以将话题写在白板纸上，用便利贴书写观点，贴在白板纸上，也可以直接将观点写在白板纸上。
- 每桌8人以内为佳，先就本桌的话题展开讨论。
- 随后每组留一个桌长，其他伙伴到其他组继续参与讨论。
- 桌长要为新来的伙伴介绍前面的产出，然后邀请新伙伴贡献意见。
- 重复以上的步骤，至少3轮，如果时间允许，可以多做几轮。
- 最后，各自回到起始小组对本组话题收集的观点进行整理和归纳。

注意事项

- 邀请参与者积极参与每个话题的讨论，而不是只对自己小组的话题最投入。
- 桌长要起到承前启后的作用，介绍已有的成果，还要热情地邀请新伙伴补充。

- 为了激励新来的伙伴参与贡献，桌长可以给贡献者积分奖励，避免新伙伴"打酱油"。

隐喻

这是一种"借物传情"的工具，参与者可以采用绘画、做手工（乐高、橡皮泥、毛毛根等）、用身体摆造型等方式进行比喻，从而表达观点和想法。可以以个人、小组甚至全体为单位进行，富有创造力，快乐有趣。不受人数、场地的限制，操作很灵活，但需要配备基本的道具。

应用场景

适合用于相对感性、不需要用文字精准描述的话题，例如，某种感受、状态、团队的愿景、使命、角色定位等。

操作步骤

- 邀请参与者用绘画、折毛毛根、捏橡皮泥、拼乐高或者集体摆造型等方式进行塑形。
- 鼓励大家大胆想象，肆意创作，不要自我设限。
- 邀请参与者展示并介绍自己的作品所传递的内涵。

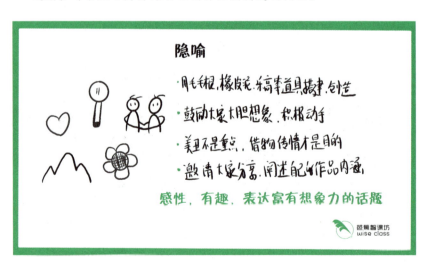

注意事项

- 强调这个环节没有好坏、对错和美丑之分，重在敢于畅想和描绘。
- 引导师要对参与者的作品和分享保持接纳和鼓励，不要出现带有立场的评判语言。

投票筛选

这是一个用来统计和决策的工具，对已经产生的备选方案进行筛选和排序。每个人都独立投票，不受他人影响，可以很真实地呈现所有人的意愿。适合 50 人以内的会议，有一面可以投票的墙面或者白板架即可，通常 10 分钟左右就可以完成。

应用场景

当需要进一步缩小讨论范围或者聚焦决策的时候可以应用，例如，明年的 5 个战略是什么？在所有的影响因素里，哪 3 个是影响最大的？

操作步骤

- 每个人拥有不超过备选方案一半的票数。例如，有 8 个备选方案，则每人投 4 票。
- 可以点投，1 个方案 1 票；也可以分投，1 个方案多票。
- 根据需要，选出票数最集中的几个观点。
- 如果没有标记点这种物料，也可以直接用彩笔画圈，或者画正字。

注意事项

- 提醒大家独立思考和判断，不要受他人影响。
- 最终需要的方案跟每个人的投票量无关。例如，有 8 个备选方案，但最终我们需要筛选出 5 个优先落地，这时不是每人投 5 票，而是 8 个的一半，每人投 4 票。
- 如果出现了票数非常接近的情况，只差 1 票或者 2 票，不要因为微小的差距就轻易否决票数少的方案。可以把票数接近的方案拿出来，再跟大家讨论一轮。

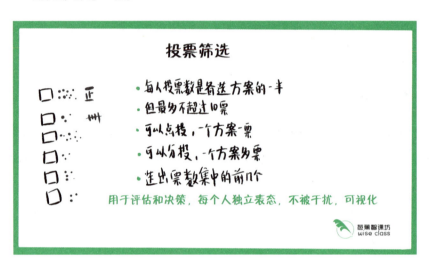

外交大使式分享

这是一个可以快速交流大量信息和意见的工具。通常适合30人左右的会议，同时交互6类不同的信息，需要30分钟左右时间。

应用场景

适合学习、分享和研讨包含多章节的法规、制度、专业文件等知识类话题，例如，员工手册、任务规范、工具类书籍等。

操作步骤

- 根据材料的性质提前将参与者平均分成几个组，如这个制度包含6个章节，就分成6组。
- 每一组分配一部分学习材料，每组材料不重复。小组自主学习、交流和研讨。
- 给小组内的每个人一个编号1、2、3……将每组同一个编号的伙伴重新组成几个分享组。

- 在新的分享组内，每个伙伴逐个分享上一轮学习的材料内容。

注意事项

- 为了保证交叉分享时每个人尽可能独立分享，所以在第一次分组时要尽可能平均，最多相差一个人，不要出现某个组比其他组多出2人的情况。
- 例如共有31人，学习材料有6个章节，第一次分成6个学习小组。每组的人数分别是5、5、5、5、5、6，不要出现5、5、6、5、4、6这种情况。这样才能保证第二轮交叉分享是5个大组，其中只有一个组会多出一个人（可以跟原小组的伙伴共同分享）。
- 在第一轮学习时，要向参与者强调，每人都要深度参与和学习，确保自己可以独立分享这部分内容，不要寄希望于小组代表分享。

谈话球

这是一个让大家"快乐地谈起来"的工具，专治各种冷场。只需要一个球，就可以快速打破发言坚冰，调动群体能量。它通常适合30人以内的会议，需要一个能够让所有参与者都围圈站立或坐下的空地，时间不超过20

分钟。

应用场景

适用于大家都不太愿意主动发言的场景,例如,共创会一开始的自我介绍、有可能引发不满的挑战性话题(你觉得公司经营当下最大的问题是什么)等;也适用于需要大家快速思考,启发彼此的话题,例如,5年后的今天,我们会是怎样的团队?今天印象最深刻的收获是什么?

操作步骤

- 全体围圈站立或者坐下,确保可以互相看见,没有人在团队的视觉盲区里。
- 利用谈话球的传递来决定发言权,球传到谁手里,谁就发言。
- 发言者发言前可以捏响这个球,表示拿到了发言权,准备发言了。
- 上一个人发言完后"抛"给下一个人,最好可以抛远一点。
- 每一次的发言者都是由上一个伙伴决定的,循环往复,直至每个人都发言完毕。

注意事项

- 邀请大家把球抛得远一点,在接、抛球的过程中会传递欢乐的情绪。

- 如果出现了不小心砸到脸或者被附近的人抢到的小插曲，都属于有意思的环节。
- 鼓励大家快速地表达第一反应，不需要咬文嚼字。

二维矩阵

这是一个用于做分析决策的工具，有交叉（4个象限）和不交叉（坐标式）两种形式。前面介绍的投票筛选是单一维度的决策，二维矩阵则建立了两个评价维度，且评价维度是团队先行讨论决定的。这种决策方式更加全面和科学。这个工具适合30人左右的会议，需要一个可以放下1.5米×1.5米矩阵的墙面，时间20分钟以内。

应用场景

适用于需要慎重评审或决策的话题，例如，下一步的新产品开发计划、明年的战略重点、高潜力员工的选拔等。

操作步骤

- 团队先讨论决定要用哪两个标准作为矩阵决策的两个维度。
- 用美纹胶带在墙面上摆出矩阵。
- 根据这两个评价维度对所有待决策的观点进行分析，并摆在矩阵相应的位置上。
- 通常只有一个象限是最优选择，例如，"高质量—低成本""高收益—低投入"等。

注意事项

- 不要过于计较每个卡片位置的细微差距，相对位置更有决策价值。
- 可以先就一个维度进行讨论，摆好卡片上下或者左右的相对位置。
- 然后就另一个维度进行讨论，调整另一个方向卡片的相对位置。
- 最后所有卡片都排好后，一定要再检查一次，集体确认结果。

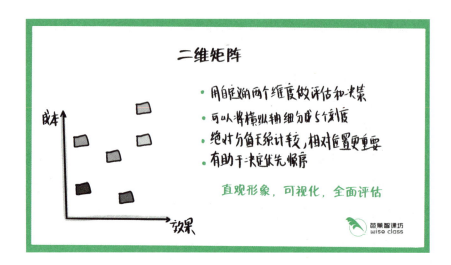

力场分析

这个工具采用可视化的方式来分析一个问题的两面性。两个相对的箭头可以直观地显示出两个要素的对立性，每个要素线段的长短也能够体现出强弱程度，犹如相互角力。适合 30 人左右的会议，需要 2 米长的墙面，时间根据讨论的深度可长可短。

应用场景

适用于讨论存在对立、对抗性要素的话题，例如，想要达成目标的推动因素和阻碍因素、新发展方向面临的风险和机遇、新行动可能带来的好处和坏处等。

操作步骤

- 就一个期望实现的目标或者话题展开讨论。
- 可以分成 2 组进行头脑风暴，分别讨论推动 / 阻碍、风险 / 机会、好处 / 坏处等。
- 先通过投票的方式评估每个要素的优先级或强度，再根据票数多少画出等比例长度的线段。

- 对强度高的负面要素和强度低的正面要素展开深入讨论，找出克服或者强化的策略。

注意事项

- 可以将力场画在白板纸上，也可以在引导布上用美纹胶带摆出力场两边的箭头。
- 讨论的焦点不是每个要素的影响强度占比，而是如何克服阻碍力、强化推动力。

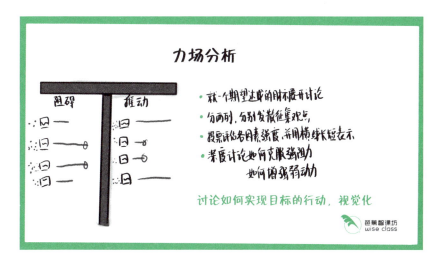

反复辩论

这个工具可以帮助团队深刻理解问题的两面性，它通过特定的流程让持有不同观点的两方看到彼此的观点，并深度探寻不同意见的共通之处，推动达成共识。这个工具适合30人以内的会议，需要时间60分钟左右，对场地没有更多的要求。

应用场景

适用于探讨包含对立观点的话题，例如，到底是要自建研发队伍还是外包研发？进军国际市场还是专注国内市场？走平台模式还是自营模式？

操作步骤

- 根据话题定义正、反两方的辩题，大家可以先根据自己支持的立场选择加入一方。
- 两方队伍分别召开小组会，讨论支持这个立场的理由和原因，以及反对对方立场的理由和原因等。
- 两方队伍面对面站好或者坐好，一对一或一对多激辩，各自陈述观点。
- 双方互换立场，正方变反方，反方变正方。先召开小组会，讨论支持新立场的理由和原因，可以用上一轮对方的观点，也可以增加新的观点。
- 两方队伍再次面对面站好或者坐好，一对一或一对多激辩，各自陈述观点。
- 集体讨论——正、反双方最有力的观点？如何克服正、反方立场中的顾虑和挑战等？
- 如果有必要，可以调查下有多少人在这个过程中改变了立场？有多少人没有改变？请他们谈谈为什么？

注意事项

- 正、反双方不要强制分组,要让大家根据自己的倾向自主选择,这样辩论时才更有动力。
- 提醒大家要礼貌地提出观点、争论,而不是吵架和攻击。
- 引导师关注的重点不是哪方立场占上风,而是努力引导大家探寻彼此关注点的差异,并找到共同的目标和成功路径。

最后的勇士

这是我有幸跟迈克尔·威尔金森老师学到的一种方法。这个工具非常有助于团队产生更多的想法。整个过程非常具有竞争性,大家的热情和潜力被充分激发。这个工具适合50人以内的会议,需要25分钟左右时间,对场地没有更多的要求。

应用场景

适合需要大胆想象、破局创新的话题。例如,假设不做现在的业务,我们还可以做什么?客户选择我们的100个理由是什么?

操作步骤

- 将参与者分成几个小组,限时分组研讨,就研讨的话题提出观点或者方案。
- 小组必须在限定时间内完成研讨,并将结论写在卡纸上。
- 到时间后,全部停笔。各组派一个伙伴带着小组的研讨成果上台比拼。
- 比拼规则:几个小组的代表,逐个轮流发言,一次只许说一条,且不允许重复。直到有人坚持到最后,最后一个分享观点的小组获胜。
- 这个规则决定了最后只有一个小组可以获胜,所以参与比拼的小组代表会努力把最有新意的点子留在最后分享。

注意事项

- 引导师要把规则解释清楚，执法要严明。如果出现了雷同的观点，不管小组代表怎么解释，只要大家一致认为重复了，就要坚决驳回。这样才能让竞争变得激烈。
- 引导师的重心不应该是驳回类似的观点，而是努力引导大家说明到底哪里不同，差异是什么？终极目标是鼓励"百家争鸣"。
- 到了最后时刻，如果大家兴致盎然，可以让小组伙伴继续输送新的卡片，以激发大家创新。

偷点子

这是我在 Pepe 老师的课程上学到的一种方法，可以很好地促进伙伴之间相互启发、借鉴优秀的经验。这个工具适合 50 人以内的会议，20 分钟左右，对场地没有特殊的要求。

应用场景

适合参与者有共同经验基础，且需要有具体落地行动的话题。例如，如何从低能量状态中走出来的？如何跟客户建立情感连接？有哪些自我管理和激励的方法？

操作步骤

- 参与者先独立思考，并将观点逐条写在 A4 纸上。
- 两两或者三三结队，轮流分享自己的想法，同样的观点不重复分享。
- 如果别人分享的观点是自己没有想到的，就将它记录下来，也就是"偷"过来。
- 最后审视下，从其他伙伴那里"偷"了多少个新点子。

注意事项

- 提醒大家在写点子时，每个点子之间可以空大点，方便把"偷"来的点子插进去。
- 如果时间允许，可以多做几轮，每次找不同的伙伴结队。
- 可以给每个人一些积分卡，如果从别人那里"偷"来了好点子，就回赠对方一些积分表达感谢。这可以大大拉近伙伴之间的关系，也会让大家格外珍惜"偷"来的点子。

爆米花

这个工具可以让大家放弃"精雕细琢"的执念，促使大家快速思考和踊跃发言。不受人数、场地的限制，通常时间不要超过10分钟。

应用场景

适用于打破固有思维的惯性、快速调动热情或者不太需要深度思考但需要快速且大量收集观点的环节。例如，让客单价翻倍的方法有哪些？一个曲别针可以用来做什么？

操作步骤

- 引导师抛出一个话题，邀请所有的伙伴自由发言。
- 强调规则是想到就说，不用举手，不用起立，不用拿话筒，但不要说重复的内容；
- 为了让大家踊跃发言，引导师要时不时地朝着不同的方向做出"爆"的手势（五指向上，并拢，张开），并同时发出"爆"的声音。从而营造气氛、带动节奏，引导大家争先恐后地发言。
- 当确定大家已经被调动，且观点富有多样性后，就可以停止了。
- 安排助教将大家发言的内容同步记录下来，张贴在引导布上。

注意事项

- 刚开始的时候，有可能场域打不开，大家不能一下子进入状态，或者仍然习惯反复斟酌词句。引导师可以通过发言就给积分的方式，激励大家踊跃发言。
- 不管发言的质量如何，只要敢想敢说，引导师就要给予肯定。在这个环节，积极参与比优质的发言更重要。
- 引导师的能量要充沛，一旦发现冷场，就要立刻用自己的手势、口令甚至眼神去热场。

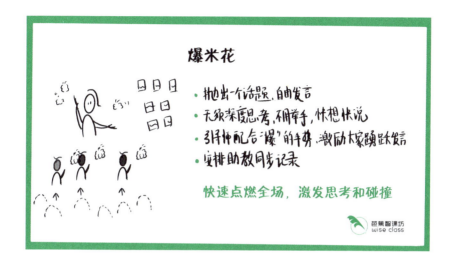

时间画廊

这个工具可以帮助团队建立起"过去—现在—未来"的时间轴,并在不同的时段下叠加多维度主题的碰撞交流,从而建立起宏大的视角,找到彼此的相同和不同,发现规律和趋势。适合30人左右的会议,需要一块可以贴下1.5米×1.5米引导布的墙面,通常时间不要超过40分钟。

应用场景

适用于促进群体互相理解和探寻共同点。例如,横向可以将时间划分为"2018~2019年""2020~2022年""2023~2024年"三个时段,纵向可以是这三个时段分别在行业、公司和自己身上发生的大事件。从而找到自己的职业精进与公司发展的关联性,以及公司发展与行业趋势的契合性。

操作步骤

- 先根据讨论的目标和实际情况,确定三个有代表性的时间段,例如,中远期、近期、当下至未来。
- 再根据讨论的目标和实际情况,确定三个有意义的讨论维度,例如,行业、公司和自己身上的大事件。

- 然后在引导布上用美纹胶带打出 3×3 的格子矩阵，邀请大家用卡纸书写并粘贴到对应的格子里。
- 先让大家分组讨论和交流，以小组为单位将这 9 个格子填满。
- 引导师引导全体浏览所有成果，请大家选出感兴趣、想要深入了解的帖子，请作者分享。
- 引导大家关注整个时间画廊上的重要事件，建立共同的理解和感受。

注意事项

- 横轴和纵轴的长度可以根据话题的实际情况来定义。但是不建议超过 5 个时段、3 个维度，如果分区太多，则不容易聚焦。
- 一定要邀请大家去关注别的小组卡片，并且主动提出对哪个卡片感兴趣，邀请卡片的主人分享。这样才能促进大家更好的联结。

空椅子

这个工具通过设定不同的角色，并将参与者代入各个角色中进行换位思考，建立更高维、更广阔的视角。适合 30 人左右的会议，场地需要能容纳 4~5 组人坐下，通常时间不要超过 60 分钟。

应用场景

适用于探讨需要站在多视角、多维度进行分析的话题。例如，从公司高层角度、客户角度、合作伙伴角度、员工角度分别怎么看待公司的"出海"计划？它有怎样的战略意义和价值？

操作步骤

- 根据话题的需要先选定几个相关利益方的角色，为每个角色准备一把椅子。椅子上可以写上这个角色的身份，甚至可以画上匹配的形象。
- 向大家介绍讨论的要求以及这几个角色，邀请大家自行选择在第一轮要以哪个角色的身份参与。
- 大家根据自己的选择，站到或者坐到相应的角色椅旁，进行讨论并书写、留贴。
- 一轮结束后，每组留下一个伙伴负责向新伙伴介绍之前的成果。
- 邀请其他伙伴换角色，去新的角色小组参与讨论。
- 如果时间充裕，可以多交换几轮，最好每个人都能体验所有的角色。
- 最后整合不同角色椅的讨论内容，形成共识。

注意事项

- 不要强制分配角色，允许大家根据自己的意愿做选择。
- 有可能会出现不同角色椅前的人数严重不均的现象，引导师可以主动引导大家分散，并且强调有多轮机会，让大家不用担心错过。

入 / 离场调查

这个工具可以在开始或者结束的时候掌握参与者的基本情况，包括经验、感受、认知和意愿等，可以理解为一个大型的调查问卷。但是这个问卷是集体进行的，且是公开的、可视化的。适合 40 人以内的会议，需要一面可以张贴 2 张白纸的墙或者白板架，通常时间不超过 15 分钟。

应用场景

适用于开场或者结束的时候摸底、调研或者集体确认。例如，现场伙伴的司龄分别是多少年？大家对于今天的话题有哪些期待？大家对于今天所达成决议的信心度有多少？

操作步骤

- 提前设定问题，并写在白板纸上。
- 可以是定量调查，例如，在相应的选项下投票、打钩等。
- 也可以是定性的调查，例如，直接留言或者回帖等。
- 不管是入场调查还是离场调查，都要在完成调研后，全员一起确认调研结果。

注意事项

- 调查海报的设计要结合实际人数和问题量，预留充足的书写空间。
- 注意现场的空间和通道布置，以防人群集中涌到问卷前，造成拥挤。
- 即使是离场调查，也不要匆忙散场，一定要跟大家同步并共享调研结果。

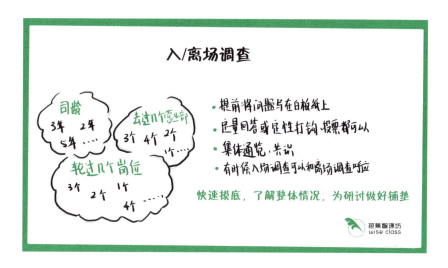

需求与给予

这个工具可以创造机会让双方充分的表达需求并说明理由，回应可以给予的支持并说明理由。从而达到增进彼此理解和协作的目的。适合 20 人以内的会议，场地需要一面可以张贴 2 张白纸的墙或者白板架，通常时间不超过 60 分钟。

应用场景

适用于日常工作中处于价值链的上、下游或者经常有协作的团队相互支持。例如，产品经理团队对研发团队有哪些需求？可以给研发团队哪些支持？研发团队对产品经理团队有哪些需求？可以给予产品经理团队哪些支持？

操作步骤

- 先将参与者分成两组，通常是根据工作需要，按照职能属性进行分组。
- 两方分别讨论对对方的需求和期待，将结论逐条写在白板纸上。
- 两方分别向对方陈述自己的需求以及背后的理由。

- 双方交换白板纸，分别研讨对于对方的期待和需求，可以提供怎样的支持。将结论逐条写在白板纸上。
- 两方分别向对方陈述自己能够给予的支持以及理由。
- 一起讨论那些尚不能被充分满足的需求，以及对整体目标有何影响，后续要如何处理。

注意事项

- 给予的回复既可以是定性的具体回复和解释，又可以是定量的，比如，无条件的支持、有限的支持、有条件的支持、拒绝等。但是不管怎么回复，相比书面的结论，相互探讨、澄清、解释和共识的过程更为重要。
- 引导大家不要只站在自己的角度来提需求和回应，要站在更高的视角来思考。我们要支持的不是对方的小团队，而是整个大团队的目标。

第 7 章
管理中的结构化思维

科学管理依然是基础

在前文,我们介绍了 1.0 时代刚性管理到 3.0 时代弹性引导的管理进化之路。我们倡导在数字化时代,管理者们要具备 3.0 时代弹性引导的管理能力,更加开放民主、兼容并包,但并不意味着要彻底抛弃科学的管理思想,相反,一个掌握 GREAT 成长心智模型的管理者更应该做到心中有结构,出手有套路。

有结构指的是对于一些经典的管理模型和理论要了然于心,当遇到问题的时候不是盲目地应对,而是基于科学的管理方法进行分析和决策。所以管理者的脑海里应该存储很多关于管理的结构化思维模型,例如,战略如何规划、激励分为哪几个层次、变革要经历哪些步骤等,尤其是那些被管理学专家潜心研究,并经过无数企业管理验证过的经典模型。

这些结构化的管理模型内化于心后就变成了管理者随时可以用的方法套路,在一次思考、一段对话、一场会议中默默发挥价值。

本章我会为大家分享 38 个经典的管理理论模型,涉及战略规划、变革创新、团队建设、知人善任和业务分析多个领域。为了方便大家在阅读的时候更有代入感,我虚构了一个企业案例,将以这个案例为背景,解读每个理论模型是如何帮助管理者进行管理和决策的。

旭日文具（以下简称旭日）原本是一家生产学习用品的企业，随着品牌知名度和企业竞争力的提升，逐步拓展到打印设备和耗材等领域。商业模式也从单一的生产商发展为产销一体的综合经营模式。旭日在全国已经发展出非常强大的终端销售渠道（门店），市场表现良好。从去年开始，旭日计划向数字化和新零售模式转型。

战略规划的八个理论模型

商业画布

基本概念

商业画布是由亚历山大·奥斯特瓦德（Alexander Osterwalder）在《商业模式新生代》一书中提出的，旨在帮助企业设计、评估和创造新的商业模式。它通过9个核心模块，系统地展现了如何创造、传递和捕获价值。

商业画布

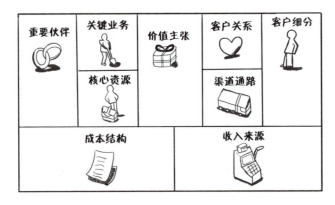

客户细分（Customer Segments）：企业服务的目标客户群体。

价值主张（Value Propositions）：解决客户问题的产品/服务及提供的独特价值。

渠道通路（Channels）：与客户沟通、交付产品或服务的途径。

客户关系（Customer Relationships）：与各个细分市场建立的关系类型。

收入来源（Revenue Streams）：企业如何从每个客户细分市场中获取收益。

关键业务（Key Activities）：实现价值主张所必须开展的最重要的工作。

核心资源（Key Resources）：执行关键业务所必需的最重要资产，包括人力、设备材料和资金等。

重要伙伴（Key Partnerships）：与生态伙伴共创价值的合作网络，包括供应商、政府协会、媒体等。

成本结构（Cost Structure）：运营商业模式所产生的主要成本。

案例解读

以旭日为例，我们可以通过商业画布指导它从传统零售向数字化新零售模式转型。

客户细分：可以聚焦小型企业和家庭办公用户，这些客户群体对便捷购买、个性化服务有较高需求。

价值主张：提供一站式在线平台，集成办公用品选购、个性化定制、环保包装服务和二次回收等，突出高效、个性化和可持续性。

渠道通路：开发移动应用程序（APP）作为主要销售渠道，同时与电商平台合作，利用社交媒体进行营销推广。

客户关系：建立 24 小时智能客服系统，实施会员制度，通过积分、优惠券等方式增强客户黏性。利用大数据进行千人千面的个性化推荐。

收入来源：通过产品销售获得直接收入，推出贴标、包装等个性化定制作为补充收入。

关键业务：优化供应链管理，提升仓储物流效率，持续更新产品线，开发和维护数字化平台。

核心资源：高效的IT系统、稳定的供应商网络、专业的数字营销团队等。

重要伙伴：与知名的影视、动漫IP（知识产权）等品牌做独家联名，与第三方物流合作保证快速配送等。

成本结构：主要成本包括原材料、库存管理、物流配送、平台开发维护、市场营销和人力资源等。

德鲁克经典五问

基本概念

德鲁克经典五问源自"现代管理学之父"彼得·德鲁克的思想，是企业在制定战略和进行管理决策时的五个核心问题。这五个问题帮助企业聚焦其核心使命、市场定位、顾客需求、绩效衡量以及未来规划，具体包括：

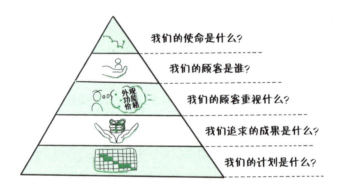

我们的使命是什么？ 企业明确其存在的根本目的，即为何存在。它回答了"我们做什么"和"为什么做"的基本问题。

我们的顾客是谁？ 企业需要识别并理解其目标市场，定义谁是其产品或服务的主要消费者。

我们的顾客重视什么？ 探索顾客的需求和偏好，了解他们认为的价值所在，从而提供符合这些期望的产品和服务。

我们追求的成果是什么？ 企业需要有清晰的绩效指标来衡量成功，确保经营过程与目标一致，并产生实际成效。

我们的计划是什么？ 制定实现目标的具体路径，包括短期行动和长期战略，确保组织能够适应变化，持续成长。

案例解读

以旭日为例，我们可以应用德鲁克经典五问来指导管理者的思考和行动。

我们的使命是什么？ 在转型期，其使命可能为："通过融合线上线下的无缝购物体验，为企业办公提供高效、环保的解决方案，促进工作场所的创新与生产力。"

我们的顾客是谁？ 在过去的传统模式下，顾客可能是中小企业和学校。但在数字化转型后，目标顾客可能扩展到远程工作者、数字游民及大型企业的办公集采。

我们的顾客重视什么？ 在数字化时代，顾客可能更重视便捷的在线购买流程、个性化推荐、快速配送及绿色环保的产品服务。

我们追求的成果是什么？ 成果指标可能包括线上销售额增长率、顾客满意度评分、网站流量和转化率，以及重复购买率，同时考虑减少库存成本和提升供应链效率。

我们的计划是什么？ 涵盖有影响力的电商平台、实施社交媒体营销策略、引入数据分析优化库存管理、开发移动应用以增强顾客互动，并提供定制化服务选项；培训员工掌握数字化工具，提升客户服务能力；建立更广阔的合作关系，比如与云计算平台合作，推出办公软件与硬件的集成解决方案等。

通过这样的分析，德鲁克经典五问不仅帮助管理层明确了转型的方向和目标，还提供了实施路径，确保转型过程中的每一步都紧密围绕着顾客价值和企业使命展开，从而有效推动企业向新零售模式过渡。

SWOT 分析

基本概念

SWOT 分析是一种广泛应用于战略规划和决策制定的框架，它代表了优势（Strengths）、劣势（Weaknesses）、机会（Opportunities）和威胁（Threats）。

SWOT分析

外部 \ 内部	优势 (Strengths)	劣势 (Weaknesses)
机会 (Opportunities)	SO	WO
威胁 (Threats)	ST	WT

优势（Strengths）：组织内部的积极因素，如专有技术、品牌声誉、财务状况良好、高素质团队等。

劣势（Weaknesses）：组织内部的消极因素，如缺乏资金、技术落后、管理不善、品牌形象不佳等。

机会（Opportunities）：外部环境中对企业有利的因素，如市场需求增长、政策支持、技术进步、竞争对手失误等。

威胁（Threats）：外部环境中对企业不利的因素，如新竞争者出现、市场需求下降、法律法规变化、经济衰退等。

案例解读

以旭日为例,我们可以这样应用 SWOT 分析。

优势:丰富的行业经验和稳定的供应商关系,能快速调整产品线。

劣势:数字化基础薄弱,缺乏成熟的电商运营经验,员工能力待提升,需大量培训。

机会:在新零售趋势下,线上、线下融合模式能吸引更多的年轻消费者。

威胁:竞争激烈,大型电商平台已占据市场主导地位。

利用优势,抓住机会:依托实体店优势,打造独特的线下体验中心以吸引客户,同时联动线上平台。

改善劣势,应对威胁:投资数字化建设和员工培训,提升组织的数字化能力,缩小与竞争对手的差距。

规避威胁,利用机会:利用专业服务建立市场壁垒,减少与大型电商平台的直接竞争。

转化劣势为优势:将实体店铺转变为物流和售后服务的窗口,提升客户满意度和忠诚度。

PEST 分析

基本概念

PEST 分析是一种宏观环境分析工具,它能帮助组织识别和理解外部环境中可能影响其业务表现的政治(Political)、经济(Economic)、社会(Social)和技术(Technological)因素。这种分析对于企业制定策略、评估市场机会和风险尤为重要。

政治:包括政策、法律法规、税收规定等因素,这些都可能对企业运营的稳定性和合规性产生重大影响。

经济:涉及经济增长率、通货膨胀、汇率变动、消费者购买力、行业发展趋势等,这些都是决定市场需求和企业成本的重要因素。

社会:涵盖人口统计特征、文化趋势、消费者偏好、价值观等,了解这些信息可以帮助企业更好地定位产品和服务,满足市场需求。

技术:数字化、人工智能等新技术的出现,可能对企业发展带来机遇或挑战。

案例解读

以旭日为例,我们可以通过 PEST 分析来探讨其面临的外部环境。

政治:政府出台了一系列鼓励电子商务和数字经济发展的政策,这对企业转向线上销售而言是一个积极的政治信号。同时,这也对数据安全和隐私保护提出了更高要求。

经济:在当前经济形势下,企业客户和个人消费者更倾向于便捷、高效的在线购物方式。经济的不确定性也可能导致消费者更加注重性价比,这对旭日来说意味着既要提供高质量的产品,又要关注价格竞争力。

社会:随着低碳和环保概念的普及,新一代消费者更加重视环保和社会责任,促使旭日考虑提供更多的可持续、环保的办公用品。

技术：云计算、大数据、人工智能等技术的发展为旭日提供了构建智能化供应链、个性化推荐系统和高效物流配送的可能性。

波特五力

基本概念

这是由迈克尔·波特提出的，用于分析行业结构和企业竞争优势的战略工具。该模型通过五个维度来评估一个企业在行业内的竞争强度和盈利能力。

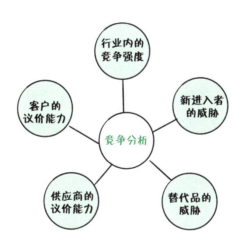

行业内的竞争强度：行业内企业间的竞争激烈度，包括"价格战"、"广告战"、产品或服务差异化等。

新进入者的威胁：新企业进入市场的难易程度，受制于资本需求、技术壁垒、品牌忠诚度等因素。

替代品的威胁：替代产品或服务对行业的影响，替代品的存在限制了企业提价的能力。

供应商的议价能力：供应商对价格和条款的控制能力，若供应商集中或产品独特，则其议价力强。

客户的议价能力：消费者对价格和产品质量的影响力，大量购买或低转化成本使买家议价力增强。

案例解读

以旭日为例，我们可以通过波特五力模型来分析其面临的环境。

行业内的竞争强度：成熟的电商平台和新兴的厂家直播带货模式构成了直接竞争。旭日需通过提供线上、线下的立体销售矩阵和个性化推荐系统来提升竞争力，增强客户忠诚度，避免陷入"价格战"。

新进入者的威胁：随着电商平台模式的多样化和供应链的优化，新企业进入市场的门槛相对降低。旭日需要通过建立强大的品牌认知、加强物流体系和提供独特的增值服务来增加新进入者的挑战难度。

替代品的威胁：数字化办公、共享文档等方式减少了对传统文具的需求。旭日应积极引入环保型、智能化的办公产品，以适应市场变化。

供应商的议价能力：随着全球供应链的整合，供应商的选择增多，但优质供应商仍可能掌握较强的议价力。旭日应通过建立长期合作关系，甚至参与供应链上游的设计与创新，来平衡双方利益。

客户的议价能力：在数字化时代，消费者比以往更容易比价和获取信息。旭日可通过建立会员制度、积分奖励计划、个性化促销来提升顾客黏性，减少因价格敏感导致的利润损失。

权力 / 利益矩阵

基本概念

权力 / 利益矩阵是用于识别和评估利益相关方的重要性和影响力的工具。它可以帮助企业确定哪些利益相关方应该得到更多的关注和资源，从而有效地管理和满足他们的需求，以实现与利益方的共赢。

权力（或影响力）：利益相关方对项目或决策的影响能力。

利益：利益相关方对项目或决策的关注程度。

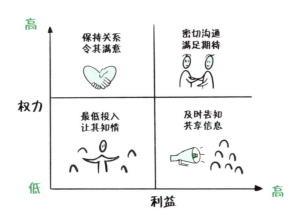

高权力、高利益：这些利益相关方对项目的成功至关重要，他们有着强大的影响力并且非常关心项目的成果。对于这些利益相关方，应当重点管理和密切沟通。

高权力、低利益：虽然这些利益相关方不太关心项目的细节，但他们的影响力很大。因此，要确保与他们保持良好的关系，避免潜在的冲突。

低权力、高利益：这些利益相关方虽然影响力不大，但对项目非常感兴趣。对于这类利益相关方，应通过定期沟通和共享信息来获得他们的支持。

低权力、低利益：这些利益相关方既没有很大的影响力，又对项目不太感兴趣。对他们来说，只需要保持其知情即可。

案例解读

以旭日为例，我们可以使用权力/利益矩阵来分析转型过程中的利益方。

中高层管理者：高权力、高利益。他们负责制定战略方向和计划，且他们都对项目的成功负有直接责任。所以，需要确保他们充分了解转型的目标和预期结果，并参与决策过程。

投资者：高权力、高利益。投资者的资金支持对企业至关重要，同时他们也关注企业的长期发展。需要定期向投资者同步项目进展，确保透明度，增强投资者的信心。

一线员工：低权力、高利益。他们虽然不是决策者，但对项目的结果非常关注，因为这可能会影响他们的日常工作甚至薪资回报。有必要通过培训和发展计划，确保员工掌握新技能并适应新的工作环境。

客户：低权力、高利益。尽管客户很关心产品的质量和服务水平，但他们对公司的内部决策影响较小。我们需要做的就是改进客户体验，提供在线购物平台和便捷的售后服务。

政府机构：高权力、低利益。政府机构通过制定政策间接影响企业，但它们可能不会过多地介入企业的日常运营。企业可以与政府部门保持良好的沟通，及时了解政策导向。

SMART 目标

基本概念

SMART 目标设定原则是一种广泛应用于个人发展和企业管理的目标设定框架。SMART 是五个英文单词的首字母缩写，每个字母对应一个设定目标的关键标准。

明确性(Specific):目标应该是明确和具体的,避免模糊不清。

可衡量性(Measurable):目标应该是可量化或可衡量的,以便跟踪进度。

可实现性(Achievable):目标应该是切实可行的,具有挑战性但也是可以达成的。

相关性(Relevant):目标应该是与个人或组织的大方向相关的,有助于推动整体进步。

时限性(Time-bound):目标应该是有明确时间限制的,这样可以保证紧迫感和执行力。

案例解读

以旭日为例,企业决定向数字化和新零售模式转变,设定了"在接下来的 12 个月内,将线上销售额占总销售额的比例提高到 30%"的目标。

明确性:明确了目标的具体内容是"提升线上销售额占总销售额的比例"。

可衡量性:这个目标是可以衡量的,通过跟踪线上销售额和总销售额的数据即可衡量。

可实现性:考虑到公司现有的客户基础、市场趋势以及技术准备程度,这个目标是可以实现的。

相关性:这个目标与公司的整体战略"向数字化和新零售模式转变"是紧密相关的。

时限性:目标设定了明确的时间期限,即 12 个月内实现。

波浪趋势分析

基本概念

波浪趋势分析是一种帮助企业识别市场需求和产品的关系,促进生成创新想法的模型。它通常涉及以下几个步骤。

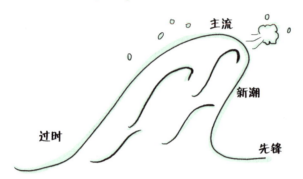

波浪趋势分析

过时：那些不再符合当下需求的、陈旧的、传统的、过时的产品或服务。

主流：那些符合当下大部分需求的、主流的、稳定的产品和服务。

新潮：那些既符合未来需求又有增长潜力的、正在崛起的产品或服务。

先锋：那些超前的、还在探索中的、激发潜在需求的新兴产品或服务。

案例解读

以旭日为例，团队成员在转型过程中用波浪趋势分析来研判目前在行业内可见的营销方式。

过时：随着数字化转型的推进，传统线下营销活动（如展会、传单发放等）的成本效益逐渐下降，且难以覆盖更广泛的受众。

主流：在线购物已经成为主流，消费者对线上促销活动和优惠券的依赖性很强，这些是吸引消费者的有效手段。

新潮：随着社交媒体平台的兴起，越来越多的消费者倾向于通过社交媒体获取产品信息和品牌故事，内容营销能够有效地提高品牌知名度和客户忠诚度。

先锋：目前VR（虚拟现实）和AR（增强现实）技术在办公用品领域尚

未广泛应用，但随着技术的发展和消费者体验需求的提升，这些技术有望成为新的营销亮点。

变革创新的八个理论模型

变革八步法

基本概念

变革八步法是由约翰·科特（John P. Kotter）提出的，这是一种帮助组织成功实施变革的框架。该模型认为，成功的变革需要遵循一系列明确的步骤，以确保变革能够被有效地管理和执行。

增强紧迫感：通过展示现状的不足和潜在的危机来激发变革的迫切性。

建立指导团队：形成一个由关键利益相关方组成的团队，共同推动变革。

设定愿景：制定清晰的变革愿景和实现愿景的具体战略。

感召众人：通过各种渠道有效地传播变革愿景，确保所有人都理解并支持变革。

赋能行动：赋予员工实施变革所需的资源和自主权。

创造短期胜利：设立易于实现的目标，以证明变革的价值，并激励更多人参与。

再接再厉：通过持续的努力来强化变革成果，防止回到旧有的工作方式。

巩固成果：将变革嵌入组织文化中，使之成为常态。

案例解读

以旭日为例，可以应用变革八步法来管理数字化转型的变革过程。

增强紧迫感：收集关于市场变化趋势的数据，包括竞争对手的成功案例、顾客偏好的变化等，以此说明为什么必须进行数字化转型。让全体员工认识到当前面临的挑战，激发变革的动力。

建立指导团队：挑选包括高层管理人员、IT专家、市场营销团队和销售团队在内的跨职能团队，共同负责推动数字化转型。确保变革得到高层的支持，并集合多方面的专长和资源。

设定愿景：制定一个清晰的数字化转型愿景，包括发展目标、战略举措等，为变革提供方向。确保每个人都知道为什么要进行变革以及变革的目标是什么。

感召众人：通过会议、内部通信、培训等多种形式，向全体员工传达变革愿景。确保信息的一致性和透明度，确保所有员工都了解变革的目的、意义以及他们的角色。

赋能行动：提供必要的培训和支持，鼓励员工提出创新想法，并为实施变革提供必要的资源。激发员工的积极性和创造力，确保变革能够顺利进行。

创造短期胜利：选定一些容易实现的目标，如快速推出一个简单的、内测版本的移动应用程序。通过早期的成功来增加信心，并激励更多人参与变革。

再接再厉：评估变革的成效，庆祝取得的成绩，并对表现突出的个人或团队给予认可。确保变革得到持续的支持，并逐渐成为组织的一部分。

巩固成果：将数字化转型的成果融入企业文化中，使其成为日常工作的一部分，并持续改进。确保变革能够持久，并且能够应对未来的变化。

管理变革中的六种角色

基本概念

管理变革中的六种角色是指在变革中，领导者和管理者要分别扮演不同的角色，以确保变革的成功实施。这六种角色如下：

指挥者：负责设定变革的方向和目标，确保变革愿景得到切实落地。

导航者：帮助团队规划变革路径，避开障碍和陷阱。

看护者：保护变革进程不受干扰，确保资源得到合理分配。

教练者：提供指导和支持，帮助团队成员适应新的工作方式。

解释者：解释变革的意义和目的，确保所有人都理解变革的价值。

培育者：创造一种支持变革的文化环境，鼓励创新和实验。

案例解读

以旭日为例，在数字化转型的过程中，各级管理者需要承担不同的角色和任务。

指挥者：由企业高层管理者担任，负责设定变革的方向和目标。他们需要确立数字化转型的战略目标，并将愿景清晰地传达给全体员工。

导航者：由中层管理者担任，帮助团队规划变革路径。他们负责制订详细的实施计划，包括时间表、里程碑和关键任务，并确保团队成员了解各自的责任和任务。

看护者：由项目负责人担任，保护变革进程不受干扰。他们需要确保资源配置合理，为变革项目提供所需的资金和技术支持，同时排除外界干扰因素。

教练者：通常由人力资源部门、培训发展部门或指定的中层管理者担任。他们为团队成员提供必要的培训和辅导，帮助他们掌握新的技能和工具，如数字化营销技巧、电商平台管理等。

解释者：由来自宣传部门或指定的中层管理者担任，解释变革的意义和目的。可以通过内部通信、会议和其他沟通渠道，向员工解释变革的原因、目标和预期成果，确保每个人都明白为什么需要变革。

培育者：由人力资源部门或企业文化建设团队担任，创造一种支持变革的文化环境。负责构建开放和包容的文化，鼓励员工提出意见和建议，为创新和实验提供空间。

SCAMPER 创新思维

基本概念

SCAMPER 创新思维模型是一个强大的创新工具，用于启发创意和改进现有产品、服务或业务模式。该模型由七个英文关键词的首字母组成，分别代表了七种不同的思考方向。

替代（Substitute）：考虑能否用其他材料、技术、流程或人员替代现有方案，以达到改进的目的。

合并（Combine）：将两个或多个元素、功能或服务合并，从而创造新的价值。

第 7 章 管理中的结构化思维

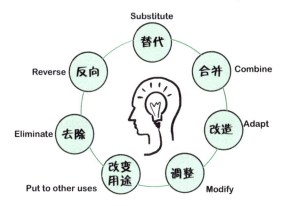

改造（Adapt）：改变产品或服务，使其适应新的市场、客户需求或使用场景。

调整（Modify）：对现有的元素进行微调或修改，以提升性能、效率或吸引力。

改变用途（Put to other uses）：发掘产品或服务的潜在新用途，开辟新的市场机会。

去除（Eliminate）：删除不必要的部分或流程，简化产品或服务，降低成本或提升用户体验。

反向（Reverse）：考虑逆向操作或颠倒某些方面，寻找创新的解决方案。

案例解读

以旭日为例，我们可以运用 SCAMPER 创新思维模型来引导团队进行创新思考。

替代：替换传统的按功能进行产品分类的方式，改为按照使用场景、用户群体、颜色等方式进行分类并展示。

合并：将办公用品购买与办公环境设计咨询服务相结合，推出一站式解决方案，帮助客户在购买产品的同时获得如何优化办公空间布局的专业建议。

改造：升级供应链管理系统，采用大数据分析预测客户需求，自动补货，减少库存积压，加快响应速度，满足新零售模式下对快速配送的需求。

调整：修改网站的用户界面，使其更加个性化和用户友好，比如根据客户的购买历史和浏览行为推荐相关产品，提升用户黏性和转化率。

改变用途：将部分打印耗材包装设计成可重复使用的收纳盒或装饰品，增加产品的附加值，同时倡导环保理念，吸引注重可持续发展的消费者。

去除：简化购物流程，去除不必要的注册步骤和冗长的信息填写环节，实现一键登录和快速支付，提升购买转化率。

反向：推出"线下体验，线上购买"的反向O2O模式，设立体验店，让客户亲自体验产品，然后通过扫描二维码在线下单，享受即时配送服务。

六顶思考帽

基本概念

这是由爱德华·德·博诺（Edward de Bono）博士提出的思维训练模型，每顶帽子都代表一种特定的思考方式或角度。团队在决策过程中轮流"戴上"不同颜色的思考帽，以确保全面覆盖各种视角，促进创意和解决方案的产生。

白色思考帽：代表客观事实和数据，关注现有信息和需要更多信息的地方。

红色思考帽：代表情绪、直觉和感觉，考虑人们的情感反应和直观判断。

黑色思考帽：代表谨慎和批判性思维，评估风险、问题和障碍。

黄色思考帽：代表乐观和积极，探索价值、利益和可行性。

绿色思考帽：代表创造力和新想法，鼓励创新思维和解决方案。

六顶思考帽

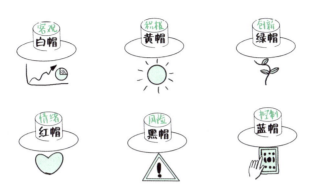

蓝色思考帽：代表组织和控制，负责规划讨论流程，分配帽子角色和归纳结论。

案例解读

以旭日为例，管理者可以带领团队应用六顶思考帽来探讨项目的实施策略。

白色思考帽：团队成员分享已收集的市场调研数据，包括竞争对手的在线销售表现、潜在客户的购买习惯以及可选电商平台的技术特点和费用等信息。

红色思考帽：一部分伙伴表示担忧，认为快速转型可能会让部分传统客户感到不适应；一部分伙伴表示乐观，他们积极拥抱转型。

黑色思考帽：财务经理指出，初期投资较大，需要精确预算并预留应急资金；IT 部门则强调必须建立强大的数据保护措施。

黄色思考帽：一部分伙伴看到项目带来的更多机遇，如扩大市场份额、提升品牌形象和增加客户便利性等。

绿色思考帽：大家尝试寻找创新的解决方案和营销策略，如利用大数据分析客户购买行为、利用 AR 技术提供虚拟试用功能以增加购物趣味性，同时设计一套积分奖励系统来促进复购。

蓝色思考帽：会议主持人推动讨论的进行，邀请站在不同立场的伙伴分享意见和观点。最终形成整体的意见，得出下阶段的行动计划，并分发给各部门。

波士顿矩阵

基本概念

波士顿矩阵（Boston Matrix）是一种用于评估企业产品组合的战略管理工具，它通过销售增长率和相对市场占有率两个维度，将企业的产品或业务单元分为四类。

波士顿矩阵

明星产品：高销售增长率和高市场占有率，这类产品通常需要大量投资以维持其领先地位。

金牛产品：低销售增长率和高市场占有率，这类产品能为企业带来稳定的现金流。

问题产品：高销售增长率和低市场占有率，这类产品具有不确定性，需要决定是否加大投入以使其成为明星产品。

瘦狗产品：低销售增长率和低市场占有率，这类产品通常利润微薄，应考虑逐步淘汰或剥离。

案例解读

以旭日为例，我们可以运用波士顿矩阵去引导团队对产品进行战略分析。

明星产品：随着消费者对文学和影视类 IP 认知的提升，和知名 IP 联名的文创类办公用品的需求越来越多。由于旭日在此领域较早布局，市场占有率较高。因此，对于这一类产品，企业应该继续加大投入，保持其领先优势。

金牛产品：传统办公用品，如高质量的文具和打印机耗材的销售增长虽然放缓，但由于企业品牌效应强，这部分产品仍然能够带来稳定的收入。应维持现有投资水平，利用这部分现金流支持其他产品线的发展。

问题产品：新兴的移动办公应用程序，这类产品正处于快速发展阶段，但企业在这一领域的市场占有率较低。管理层需要评估是否要在这个领域增加投资，以便抓住市场机会。

瘦狗产品：过时的办公设备，如单体扫描仪、传真机等，受数字化办公趋势的影响，这类产品的需求下降，市场占有率也很低。企业应当考虑逐步淘汰这些产品，释放资源用于更有潜力的领域。

安索夫矩阵

基本概念

安索夫矩阵（Ansoff Matrix），由"战略管理之父"伊戈尔·安索夫（Igor Ansoff）于 1957 年提出，是一种帮助企业规划其增长战略的工具。矩阵由两轴组成：横轴代表现有产品与新产品、纵轴代表现有市场与新市场，形成了四个象限，分别对应不同的战略选择。

安索夫矩阵

市场 \ 产品	现有产品/服务	新产品/服务
现有市场	市场渗透	产品开发
新市场	市场开发	多元化经营

市场渗透：在现有市场中，通过现有产品增加市场份额，这通常涉及提高销售量、增加营销活动或优化定价策略。

市场开发：将现有产品推广到新市场，寻找新的客户群体。

产品开发：在现有市场中推出新产品或改进现有产品，满足客户的新需求或偏好。

多元化经营：进入新市场并开发新产品，这是风险高但也可能回报大的策略。

案例解读

以旭日为例，可以利用安索夫矩阵进行产品规划。

市场渗透：由于已经在线下市场建立了稳定的客户基础，公司可以利用已有产品的知名度，通过加强线上营销和推出会员忠诚计划，鼓励现有客户在线购买。

市场开发：旭日看到了那些依赖远程工作的新兴企业，通过分析它们的需求，公司可以定制解决方案，如云打印服务、远程办公软件等，以满足新市场客户的特定需求。

产品开发：为了适应新零售趋势，旭日投资研发智能办公设备，如带有自动翻译、转存和云存储功能的录音笔。这些新产品延展了产品线，帮助公司在现有市场中创造新的增长点。

多元化经营：考虑到数字化转型的长远影响，旭日打算探索进入远程教育市场，开发一套结合在线课程、办公技能训练的综合解决方案。这标志着旭日进入了一个全新的市场领域，旨在为用户提供一站式服务。

客户移情图

基本概念

客户移情图（Empathy Map）是一种视觉工具，用于帮助组织站在客户的角度，深刻理解其感受、想法、行为和需求。让设计者和决策者"移情"到目标用户，从而做出更贴近用户实际需求的决策。

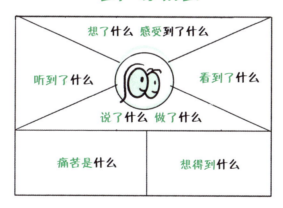

说了什么：客户直接表达的内容。

想了什么：客户的内心想法、疑虑或愿望。

做了什么：客户的实际行动和行为习惯。

感受到了什么：客户在特定情境下的情绪反应。

听到了什么：来自周围环境的声音或他人的意见。

看到了什么：客户所处环境中的视觉元素或刺激。

案例解读

以旭日为例，借用移情图的框架，对某企业的行政采购人员的需求进行了还原和分析。

说了什么："我总担心公司采购的文具不够用，但又怕大量囤货占用资金。"

想了什么："如果能有一个系统自动提醒我何时需要补货就好了。"

做了什么：每月固定时间上网比价采购，偶尔去实体店查看新品。

感受到了什么：在忙碌的工作中，频繁地采购办公用品成为一项负担，希望能更快捷方便。

听到了什么：同事抱怨在系统上申请了文具，可是领取时却被告知没有货了。

看到了什么：很多同事的笔、订书机等文具都没用多久就坏了，扔了可惜，不扔又没法用。

通过移情图，旭日发现客户对自动化补货提醒、高效采购流程和内部文具使用管理等有强烈需求，他们可以基于此进行产品和服务创新。

用户旅程地图

基本概念

用户旅程地图是一种视觉化工具，它描绘了客户与品牌、产品或服务交互的全过程。它展现了客户在各个触点上的行为、感受、想法以及需求，帮助我们识别痛点、机会点，从而优化客户体验。通常包括以下几个要素：

触点：客户与品牌互动的所有渠道和时刻。

行为：客户在不同阶段的实际行为，如搜索信息、购买产品、使用产品等。

需求：客户在每个阶段的具体需求和期望值。

用户旅程地图

	认知阶段	探索阶段	购买决策	下单支付	收货与使用	售后与支持
触点						
行为						
需求						
情感曲线						
痛点						
机会点						

情感曲线：客户在各个阶段的情感变化，如急切、兴奋、满意、困惑或失望。

痛点：客户在体验时遇到的问题或障碍。

机会点：企业可以显著改善体验的关键时刻。

案例解读

以旭日为例，看看他们是如何利用用户旅程地图来提升用户体验的。

认知阶段：客户通过搜索引擎、社交媒体广告或口碑推荐得知旭日这个品牌。情感曲线显示初始的好奇与兴趣，但客户对品牌的认知度较低。机会点在于提升品牌在线曝光度和建立信任感。

探索阶段：客户访问旭日的网站或 APP，寻找特定的办公用品。此时，客户可能因为网站导航系统复杂或搜索功能不强大而感到沮丧（痛点）。企业需要优化网站 UI（交互界面）设计，确保查找信息快捷准确。

购买决策：客户对比产品详情、价格和用户评价。情感曲线在这一阶段可能波动，取决于信息是否充分、评价是否正面。企业可以通过提供详细的视频介绍、真实的用户案例和即时在线客服来提升信心。

下单支付：客户选择优惠券、满减策略的组合。他们讨厌复杂的优惠方式，既算不清，又怕买贵了。这里需要简化优惠的算法，提供价格保护机制，让客户便捷支付。

收货与使用：有点脏破的包装，让客户不满。烦琐的包装，让客户边拆边抱怨。有必要提高运送品质，确保商品的干净整洁，并提供经济又安全的包装方式。

售后与支持：提供便捷的退换货政策、快速响应的客户服务，以及使用指南和维护建议。良好的售后体验能够增加正面口碑和复购率。

团队建设的八个理论模型

塔克曼团队发展五阶段

基本概念

塔克曼团队发展五阶段模型由美国学者布鲁斯·塔克曼（Bruce Tuckman）提出，是理解团队动态和发展特点的经典理论。它说明了团队的几个发展阶段，以及在各阶段管理者应该发挥的作用。

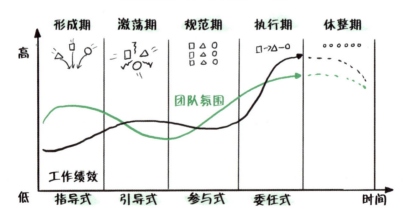

塔克曼团队发展五阶段

形成期：团队刚成立，成员初步认识彼此。对团队目标、各自的角色、工作流程等都在探索中。此时，人们可能会比较客气，不确定如何行事，依赖领导者指导。

激荡期：随着团队开始工作，成员间可能出现冲突。围绕权力、责任、工作方法等产生争执，标志着团队成员开始真正投入团队任务中。团队领导者需要引导大家充分沟通、相互理解和包容，在摸索稳定的工作模式的同时逐步建立信任。

规范期：经过冲突，团队成员开始解决分歧，建立共识，形成团队规范和工作流程。团队凝聚力增强，成员间的关系变得更和谐。团队领导者应该激发员工的智慧和创造力，让大家共同参与团队问题的解决。

执行期：团队进入高效运作阶段，成员能够自主、高效地完成任务，无须过多监督。团队目标成为个人目标的一部分，大家共同努力实现团队目标。团队领导者可以让大家更多地参与团队决策和自主管理。

休整期：在项目完成或团队解散阶段，成员可能感到失落，但也有可能开启了新的项目或赛道。团队领导者可以引导大家对过去的经验进行回顾和总结，也可以带领大家奔赴下一个征程。

案例解读

以旭日为例，为了数字化转型，公司成立了跨部门的专项团队。在团队发展的过程中，管理者在不同的阶段都要做针对性的管理。

形成期：举行专项团队的首次会议，成员来自销售、IT、市场和物流等部门。大家相互介绍，领导明确了转型目标和每个人的初步职责。

激荡期：一段时间后，团队出现了分歧。销售部门希望快速上线，而IT部门强调技术稳定性，市场部门则对推广预算有不同看法，导致会议上争论不断。领导引导大家沟通、达成共识，建立共同目标。团队还举行了一次团队建设活动，增进了相互理解。

规范期：经过几轮讨论和协调，团队确立了决策流程，明确了技术路线和营销策略，制订了详细的工作计划。大家按照约定各司其职，有序推动。一些突发的问题也能通过沟通机制得到很好的解决。

执行期：团队成员按照规划分头行动，IT部门加班加点开发平台，市场部门开展预热宣传，销售和物流部门准备库存和配送方案。各部门高效协同，平台按时上线，市场反馈良好。

休整期：平台成功上线并稳定运营一段时间后，专项团队召开总结会议，回顾项目推进过程中的成功与不足，成员分享学习心得，虽然专项团队即将解散，但团队成员对未来的合作充满了信心。

5C 模型

基本概念

高绩效团队的 5C 模型是彼得·霍金斯教授提出的，旨在帮助企业建立高效的工作团队。这个模型通过内部、外部、任务、关系的四个维度，用一个中心和四个象限阐述了高绩效团队应该如何工作。该模型由 5 个英文关键词的首字母组成，关键词如下：

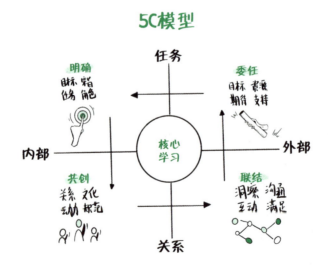

委任（Commissioning）：团队要成功，就要从建立团队的人（外部）那里获得清晰的委任，包括清晰的方向、明确的期待以及关于成功的评价标准。管理者要从委任者那里获得信息，并确保团队成员达成共识。

明确（Clarifying）：在获得了外部委任并组建团队后，团队需要清晰地定义团队的战略、目标愿景，确立工作流程和角色分工、明确关键绩效指标等。管理者要进行明确的分工和管理，确保成员理解一致。

共创（Co-creating）：有了外部委任，内部也明确了任务，团队就需要能够一起工作，发挥 1+1>2 的作用。管理者可以鼓励团队成员参与决策过程，共同创造和设计解决方案。

联结（Connecting）：建立团队与外部相关利益方之间的有效联结和沟通。管理者需要带领团队成员和相关利益方紧密沟通，充分了解他们的想法和期待。

核心学习（Core Learning）：持续学习和发展，确保团队能够适应变化并不断提高。管理者应该培养团队的学习能力，使之成为一个持续进步的组织。

案例解读

以旭日为例，为了顺利实现数字化转型，管理者可以参考 5C 模型来构建高绩效团队。

委任：旭日选择了一位具有创新思维和丰富零售经验的销售经理来负责这个项目，并授予他足够的权力来组建跨职能团队。这名新委任的经理负责从高层那里获得了明确的方向和期望。

明确：转型初期，团队成员对数字化新零售模式缺乏统一认识。管理者组织了一系列共创会和研讨会，以澄清目标、定义关键指标，推动团队成员形成共同的理解。

共创：为了更好地满足客户需求，公司需要创新产品和服务。管理者鼓励团队成员提出创意，共同讨论产品和服务的设计。

联结：在转型过程中，跨部门合作变得至关重要。团队利用在线协作平台和定期的会议来加强内部沟通，并与外部合作伙伴建立合作关系。

核心学习：随着项目推进，团队遇到了一些预料之外的挑战。管理者组织了定期的学习和发展会议，邀请专家分享最新的行业趋势和技术。

六盒模型

基本概念

六盒模型是由马文·韦斯伯德（Marvin Weisbord）提出的，是一个全面评估和改善组织效能的框架。这个模型将组织视为由六个相互关联的要素构成的。

六盒模型

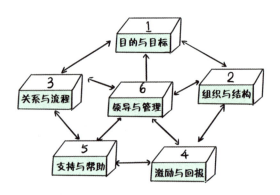

目的与目标：组织的使命、愿景和目标，以及员工对这些目标的理解和认同。

组织与结构：组织的物理布局、部门划分、架构和职位设置和决策流程。

关系与流程：团队成员之间的沟通方式、协作关系、信任和尊重。

激励与回报：如何通过薪酬、认可、晋升和其他激励手段来影响员工行为。

支持与帮助：培训体系、信息系统、政策和流程等支持员工完成工作的资源和设施。

领导与管理：领导风格、管理方式和决策过程。

案例解读

以旭日为例，可以利用六盒模型来审视自己的组织。

目的与目标：公司需要明确数字化转型的目的，如提升客户体验、增加线上销售额、提升供应链效率等，并确保所有员工都能理解和认同这些目标。

组织与结构：鉴于新零售模式要求更快的响应速度和更灵活的组织架构，公司可能需要重组团队，比如建立一个独立的数字化营销部门，整合线上、线下销售渠道，并确保跨部门沟通顺畅。

关系与流程：转型期间，团队间的协作尤为重要。公司应促进销售、IT、市场等部门之间的有效沟通，采用定期跨部门办会等方式，营造信任和尊重的氛围，确保信息流通无阻。

激励与回报：为激励员工积极参与转型，公司可设计与数字化转型成果挂钩的奖励制度，表彰在转型中展现出开放、勇敢态度和拥抱变革的个人或团队。

支持与帮助：提供必要的培训和技术支持，帮助员工掌握电商平台操作、数据分析、数字营销等新技能。建立在线学习平台，引入外部专家进行培训，确保员工有足够资源适应新的工作要求。

领导与管理：领导者需展现出对转型的坚定态度，通过开放式的领导风格鼓励创新和风险尝试。在管理上，采用敏捷管理方法，快速决策，允许失败，从错误中学习，保持组织的灵活性和适应性。

杨三角

基本概念

杨三角模型是由知名管理学者杨国安教授提出的，是一个关于构建组织能力的理论框架。该模型认为组织能力由三个核心要素构成。

员工能力（会不会）：员工是否具备执行企业战略所需的知识、技能和态度等。

员工思维模式（愿不愿意）：涉及员工的价值观、信念和行为准则，确保员工的行为与组织的战略方向一致。包括员工对企业文化的认同、对变革的接受度和创新意愿等。

员工治理（能不能）：组织架构、流程、制度和激励机制，用以引导和管理员工的行为，确保组织高效运行。

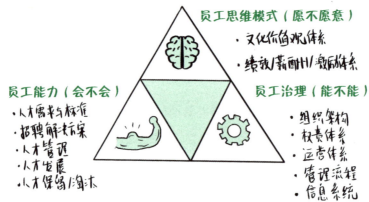

案例解读

以旭日为例，可以运用杨三角模型来指导转型策略。

员工能力：投资员工培训，引入外部专家对销售团队进行电商运营、SEO（搜索引擎优化）/SEM（搜索引擎营销）、社交媒体营销等方面的培训。

员工思维模式：为鼓励创新和冒险精神，公司倡导"勇敢试错、快速学习"的文化，鼓励员工提出并实验新的数字营销方案，并对在转型中勇于尝试的先进个人及团队进行表彰。

员工治理方式：公司开设了创新谏言论坛，任何员工都可以献计献策，且大家可以对好的想法进行投票、转发和评论。同时，公司还成立了"一线直通车"，在每周五送员工去一线门店，现场感受和了解客户的需求。

企业文化核心三要素

基本概念

企业文化核心三要素模型是指使命（Mission）、愿景（Vision）和价值观（Values）这三个要素。它们是企业文化的核心组成部分，对于塑造企业文化、指导企业决策和战略方向具有重要作用。

使命：企业的存在意义和核心目的。回答了"我们是谁？""我们为什么而来？""我们做什么？"等问题。

愿景：企业期望达到的中、长期目标和理想状态，回答"我们要去哪里？"的问题。

价值观：企业及其成员共同持有的信条和行为准则，指导团队成员的行为模式。

案例解读

以旭日为例,在数字化转型阶段成立了一个全新的子公司。基于新的业务定位,可以对使命、愿景和价值观产生不同的诠释。

使命:当前使命是"满足客户的多样化办公需求";数字化转型后的使命是"打造极致办公体验"。

愿景:当前愿景是"成为领先的办公用品零售商";数字化转型后的愿景是"成为客户首选的办公专家"。

价值观:当前价值观是"质量为先、客户至上、团队合作";数字化转型后的价值观是"创新引领、客户至上、合作共赢"。

沙因睡莲模型

基本概念

沙因睡莲模型是由管理学家埃德加·沙因(Edgar Schein)提出的,是一个用于分析和理解企业文化的框架。这个模型将组织文化分为显性文化(人工饰物)、中层文化(外显价值观)和深层文化(深层假设),就好像睡莲的叶子、茎和根一样。

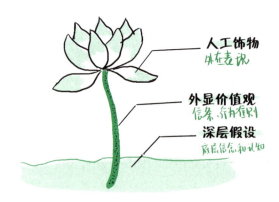

沙因睡莲模型

人工饰物：组织文化的外在表现，也是显性文化，包括行为规范、组织结构、规章制度、物质文化等。

外显价值观：组织宣称的价值观和行为准则，以及员工所持有的信念。这是中层文化的部分。

深层假设：组织成员共有的深层次假设和信念，这些往往是无形的，但对组织行为有着深远的影响。这是深层文化的部分。

案例解读

以旭日为例，转型前后其文化可能会发生下面这样的改变：

显性文化：转型前的显性文化是传统的层级结构，因为企业是以实体店为主的工作场景，团队成员之间有比较多的面对面接触；转型后是扁平化的组织结构，团队的工作大部分通过线上和远程完成，注重员工数字营销的全流程设计能力。

中层文化：当前是重视周到的客户服务、精细的店面管理等；转型后是强调创新精神、数据驱动的决策思维和敏捷沟通。

深层文化：当前是相信实体店销售的重要性、重视店面的有序管理和跟客户的亲切交流；转型后是随时准备迎接不确定性、洞悉客户的消费行为和心理，根据数据做决策。

团队协作的五大障碍

基本概念

团队协作的五大障碍理论是由帕特里克·兰西奥尼（Patrick Lencioni）在其著作《团队协作的五大障碍》中提出的，该理论阐述了影响团队效能的五个核心问题，并提出了解决方案。

缺乏信任：团队成员间没有建立起基本的信任，不愿意展示弱点，不愿意承认错误或寻求帮助，导致团队合作基础薄弱。

团队协作的五大障碍

惧怕冲突：由于缺乏信任，团队成员回避开放和坦诚的争论，担心冲突会破坏关系，这也限制了创新和最佳解决方案的出现。

欠缺承诺：团队决策过程中，成员因未充分参与讨论或不认同决策而不愿全力投入，导致承诺度低。

逃避责任：当团队成员没有完全承诺时，他们可能会回避对结果负责，互相推诿，个人责任感低。

忽视结果：团队成员更关注个人地位或利益，而不是团队目标和成果，导致团队效能低下。

案例解读

旭日的管理层在推进数字化转型时也可能遭遇一系列团队协作方面的挑战。

缺乏信任：一些部门经理隐藏了自己对电商平台架构流程不熟悉的短板，因为担心被其他伙伴视为不够专业，这导致在制定策略时缺乏通盘考量。在这种情况下，可以组织共创会，鼓励大家分享自己的优势和困惑，增强相互理解和信任。

惧怕冲突：在讨论平台设计方案时，营销部门倾向于采用吸引眼球的设计，而 IT 部门则强调功能性与系统稳定性。双方为了避免冲突，妥协接受了一个中庸方案，未能深入探讨最佳方案。在这种情况下，可以创建安全的讨论环境，发起建设性的辩论，推动创新和突破。

欠缺承诺：由于团队成员没有充分参与决策过程，对最终确定的平台设计和营销策略持保留态度，导致执行力度不够，项目进展缓慢。在这种情况下，可以邀请全员参与关键决策，让每个人的意见都融入决策过程。

逃避责任：面对上线初期的用户反馈不佳，各部门开始相互指责，市场部认为是技术问题，而 IT 部门则怪罪营销策略，没有人主动站出来解决问题。在这种情况下，可以设立清晰的结果目标和责任机制，鼓励小团队和个人承担责任，并对完成任务的伙伴给予认可。

忽视结果：随着项目的推进，一些团队成员开始更加关注个人在公司内部的地位，而非集中精力解决项目问题，团队目标逐渐模糊。在这种情况下，可以定期回顾团队目标，确保所有行动与公司战略方向一致，奖励那些为实现团队目标做出贡献的小团队和个人。

分歧来源模型

基本概念

分歧来源模型是用来分析组织内部冲突产生原因的理论模型。它帮助团队识别和理解冲突的根源，从而采取有效措施进行管理和解决。造成分歧的原因通常有几大类。

信息方面：源于团队成员掌握的事实和信息本身有差异，或者看问题的角度不同，造成意见不一致。

环境方面：源于掌握的资源、受限的政策、团队的氛围和"亚文化"的不同而造成意见不一致。

关系方面：源于团队定位的不同、遗留的历史矛盾、人际关系的冲突等造成意见不一致。

分歧来源模型

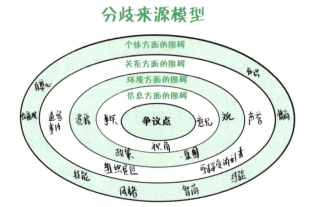

个体方面：源于个体的性格、价值观、工作风格等个人特质的不同，可能导致合作上的摩擦。

案例解读

以旭日为例，在数字化转型的过程中可能会遇到这样的分歧情况。

信息方面：一部分管理层认为目前线下销售的表现良好，营收和利润都很稳定，没必要转型。另一部分管理层认为电商赛道增速和裂变能力强，上升趋势强劲，值得投入。对于这种情况，可以组织一个研讨会，邀请行业专家分享最新的市场趋势和成功案例，鼓励团队成员贡献自己所掌握的信息。

环境方面：财务、研发等职能团队认为当下必须力保线下业务的发展，没有更多资源为线上业务单独建立一套机制。而业务部门则认为职能部门必须配合新的业态需要，分配人手和资源。对于这种情况，可以把大家邀请到一起分享当下的定位、资源和需求，并对彼此的需求给予反馈，邀请公司高层参与沟通、评估整体的资源投入的可能性。

关系方面：一些团队成员之间可能存在合作不顺的情况，这导致他们在讨论过程中难以达成一致意见。对于这种情况，可以开展团队建设活动，先解决历史遗留的问题，加强团队之间的沟通和理解。

个体方面：团队里有些人个性乐观，喜欢冒险尝试新事物，而有些人则稳重保守，更善于发现风险。这使得团队在决策过程中产生了分歧。对于这种情况，可以通过性格测试让成员了解自己，并发起一场共创会让大家彼此了解。尊重每个人的特点，找到共同点，正视差异，取长补短。

知人善任的六个理论模型

罗伯特·迪尔茨的逻辑层次模型

基本概念

罗伯特·迪尔茨（Robert Dilts）的逻辑层次模型是一种有力的自我探索和组织发展工具，它帮助个体和团队理解他们的思考、行为和决策背后的深层结构。这一模型由六个层次组成，较低层次的问题往往由较高层次的因素驱动。要持久地解决低层次的问题，需要向上一个或多个层次寻找解决方案。

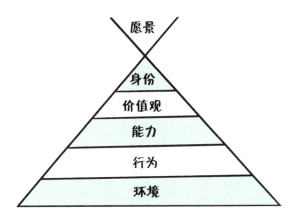

罗伯特·迪尔茨的逻辑层次模型

愿景：最高的目标或存在的目的，是个体或组织希望达到的最终状态。
身份：个人如何看待自己，即"我是谁"，涉及自我形象和角色定位。
价值观：关于什么是重要的、正确的或值得追求的个人信念和价值观。
能力：执行行为所需的技能和能力。

行为：在特定环境中采取的具体行动和反应。

环境：个体或组织所在的物理和社会环境，包括工作场所、文化和人际关系等。

案例解读

以旭日为例，在数字化转型过程中，有员工因为不适应新的任务模式和能力要求而打退堂鼓。管理者可以尝试用这个工具跟他探讨对职业发展的期待和目标。

愿景：员工对自己未来的职业发展有怎样的目标、期待和展望，如想在快消零售行业长期发展，伴随行业一起成长。

身份：基于前面的愿景，员工对自己的身份定位是怎样的？例如，成为资深、全面的营销专业人士。

价值观：员工为什么有这样的愿景和身份设定，支撑他的内在信念和价值观是什么？例如，渴望成功，享受为商品和客户做联结的过程。

能力：员工需要具备的能力，例如，随着技术发展，构建新营销链路的能力。

行为：员工为了培养能力，需要做出的行为和努力。例如，参与数字化转型的实践，积累经验。

环境：怎样的环境才能有助于员工展现行为？例如，公司正在进行的数字化项目，已经为大家搭建了一个平台，可以将员工的个人愿景和组织目标整合在一起。

双因素理论

基本概念

双因素理论，是由美国行为科学家弗雷德里克·赫茨伯格（Frederick Herzberg）提出的。该理论区分了影响员工工作满意度的两大类因素：激励因素和保健因素。

双因素理论

保健因素
- 工资
- 工作环境
- 监督
- 公司政策
- 人际关系

→ 降低不满意

激励因素
- 成就
- 责任
- 工作意义
- 认可
- 成长和发展

→ 带来更满意

激励因素：与工作内容和成就直接相关，能够激发员工的内在动力，提高员工工作满意度，并促进员工工作表现。这类因素包括：成就感、认可、工作本身的意义、责任感、个人成长和晋升机会等。缺失这些因素不会直接导致员工不满，但它们的存在是激发员工积极性的关键。当这些因素得到满足时，员工会感到更满意和备受激励。

保健因素：主要与工作环境和条件有关，这些因素的缺失会导致员工不满，即便存在也不一定能显著提升员工的满意度。这类因素包括：公司政策、管理监督、工作条件、薪酬、人际关系和工作安全等。保健因素是基本需求，需要达到一定水平才能预防员工产生不满，但仅做到这些还不足以激励员工。

案例解读

以旭日为例，在数字化转型中可以这样应用双因素理论。

激励因素：为团队设定清晰的数字化转型目标，并确保每个成员都理解其个人贡献如何与公司愿景相连，增强成就感；提供成长机会，为员工提供职业晋升和个人成长的路径；让员工承担更多责任，增强其工作自主性和责任感等；对在数字化转型中表现出色的团队或个人给予公开表扬，强化正面激励。

保健因素： 在转型期间保持或调整薪酬体系，确保员工感受到其付出与回报相匹配；提供远程工作技术支持，适应新零售模式下的灵活工作需要；简化决策流程，提高沟通效率，确保员工感受到管理层的支持和理解等。

马斯洛需求层次理论

基本概念

马斯洛需求层次理论是由美国心理学家亚伯拉罕·马斯洛（Abraham Maslow）提出的，是理解人类动机和需求结构的经典理论。该理论认为人的需求从低到高分为五个层次，较低层次的需求得到满足后，人们才会追求更高层次的需求，未满足的低层次需求对人的行为有更大的驱动力。

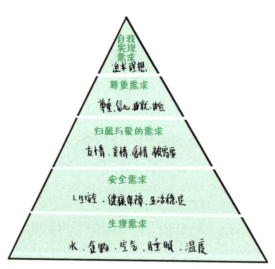

生理需求： 包括食物、水、睡眠、空气等基本生存需求。

安全需求： 涉及人身安全、健康保障、财产安全、生活稳定等。

归属与爱的需求：人对归属感、友谊、爱情及家庭的需求。

尊重需求：可分为内部尊重（自尊、自信等）和外部尊重（社会地位、认可、尊重等）。

自我实现的需求：发挥个人潜能，追求个人成长和成就的最高需求。

案例解读

以旭日为例，管理者可以应用马斯洛需求层次理论来激励和支持团队成员。

生理与安全：在转型初期，员工可能担心数字化转型会影响他们的职位稳定性。管理者可以通过公开沟通转型计划，保证岗位调整会有充分的培训支持和合理补偿，以减少员工的不安。

归属与爱的需求：组织团建活动，鼓励跨部门交流，让员工感受到团队的温暖和归属感，尤其是对那些对新技术感到不安的员工，要提供足够的心理支持和团队协助。

尊重需求：在转型过程中，对于那些快速适应新技能、积极拥抱变化的员工，给予公开表扬和奖励，增强他们的自尊心和社会地位感。

自我实现的需求：鼓励员工参与数字化转型项目，提供个人成长和职业发展机会，比如设立创新小组，让员工有机会提出并实践自己的想法，这样不仅能激发员工的潜力，还能促进公司创新文化的形成。

PDP 性格测试

基本概念

PDP（Professional Dynamitic Program）性格测试是一种基于行为风格的测评工具，旨在帮助个人和组织了解和应用成员的行为特质以及工作风格。PDP 性格测试通过将人们的性格特质与五种动物形象相对应，使复杂的个性特征变得直观易懂。

PDP性格测试

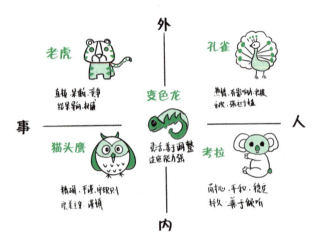

老虎型（支配型）：有强烈的掌控欲，决策迅速，竞争意识强。

孔雀型（表达型）：擅长沟通，富有魅力，喜欢社交，能有效影响他人。

考拉型（耐心型）：平和、稳定，注重团队和谐，善于倾听和协作。

猫头鹰型（精确型）：注重细节，追求完美，逻辑性强，遵守规则。

变色龙型（整合型）：适应性强，灵活多变，能很好地调整自己的行为以适应环境。

案例解读

以旭日为例，公司计划通过 PDP 性格测试帮助管理者更好地理解团队成员，以应对转型过程中的挑战。

团队配置优化：根据测评结果重组团队，确保不同特质的成员能够互补。比如，将"猫头鹰型"成员分配到数据分析和战略规划岗位，利用其精确性和逻辑性；将"变色龙型"成员安排在需要灵活应对客户多样化需求的市场岗位。

个性化管理与培训：针对"考拉型"员工，提供额外的数字化工具培训，确保他们能够舒适地使用新系统；对"老虎型"管理者，则强调团队合作和相互包容的重要性,帮助他们更好地和伙伴朝共同目标前进。

沟通策略调整:鼓励"孔雀型"成员分享创意,同时确保"猫头鹰型"成员关心的细节和风险问题得到充分重视;避免"老虎型"员工一言堂。

情境领导

基本概念

情境领导理论是由保罗·赫塞(Paul Hersey)博士提出的一种领导模式,它强调领导者应当根据被领导者的准备度(工作能力和工作意愿)来调整自己的领导风格,以实现最有效的领导效果。情境领导理论将员工的发展阶段分为四个层次,并将领导风格分为与之对应的四种基本类型。

告知式(高工作-低关系):适用于能力低、意愿低或者不安的员工,领导者需要给出明确的指示并密切监督。

推销式(高工作-高关系):适用于有一定意愿,但能力较低的员工,领导者除了提供指导外,还需给予情感支持和鼓励。

参与式(低工作-高关系):适合能力较强但意愿较低的员工,领导者应鼓励员工参与决策，但仍需提供必要的支持。

授权式（低工作-低关系）：适用于能力强且意愿高的员工，领导者应放手让员工自行决策和执行，仅提供必要的资源和反馈。

案例解读

以旭日为例，面对数字化转型，员工表现出不同程度的意愿和能力。管理者可以采用不同领导风格：

新员工小王（没能力-有意愿）：小王刚从学校毕业，对销售流程和产品知识都不熟悉，但工作热情高，学习能力强。管理者采用推销式领导风格，手把手教授产品知识，并亲自示范数字化平台的使用方法，同时密切跟踪其进展，给予及时的反馈和鼓励。

老员工张姐（没能力-没意愿）：张姐是销售高手，但对数字化转型持保留态度，担心自己无法适应。管理者采取告知式领导风格，一方面肯定张姐过去的成就，增强她的自信心；另一方面帮助她认识数字化转型的重要性，重新建立职业愿景。

骨干员工李雷（有能力-没意愿）：李雷对数字化工具很感兴趣，但在实际应用中偶尔会有挫败感。管理者采取参与式领导风格，邀请李雷参与制定团队的数字化营销策略，鼓励他提出创新想法，同时在背后给予必要的支持和鼓励，增强他的信心和归属感。

资深销售韩笑（有能力-有意愿）：韩笑对新产品和数字化工具上手很快，且对转型充满热情。管理者采用授权式领导风格，给予韩笑较大的自由度，让她自主管理客户关系，制订个人销售计划，并鼓励她成为团队的数字化转型带头人，分享经验，带动团队共同进步。

冰山模型

基本概念

冰山模型是主要用于描述个人能力与素质的多维度结构。这个模型将个人的素质分为"冰山以上部分"和"冰山以下部分"。

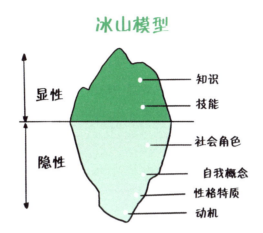

冰山以上部分：这部分是外显的、易于观察和测量的素质，后天可以训练和习得，包括知识和技能。这部分对于完成特定工作任务是必要的，但往往不是区分优秀与一般特质的关键因素。

冰山以下部分：这部分是内隐的、不易观察的部分，包括社会角色（个人如何看待自己的角色和身份）、自我概念（个人的价值观、自我认知和自我形象）、特质（如性格特质、情绪稳定性等）和动机（内在的驱动因素，如成就动机、权力动机等）。这部分对人的行为和表现有根本的影响，也是决定个人长期成功和潜能的关键所在。

案例解读

以旭日为例，管理者正面临帮助团队适应新业务模式的挑战。应用冰山模型来分析和解决这一问题。

深化内在动机：通过冰山模型的启示，管理者发现，员工对数字化转型的动机不足是关键问题之一。为此，管理者组织了"数字化未来"主题研讨会，邀请行业专家分享数字化转型的成功案例，增强员工对转型价值的认识，激发其内在的成就动机和学习动机。

强化自我概念与特质培养：为提升团队成员的适应性和韧性，公司启动了"领导力与自我发展"培训项目，帮助员工认识自己的优势和进步领域，同时培养诸如开放性、灵活性等适应变革的特质。

角色定位与团队协作：在冰山模型指导下，管理者重新审视团队成员的角色定位，明确了每个人在数字化转型中的新角色和职责，通过团队建设活动加强成员间的沟通与协作，构建更加紧密和谐的团队氛围。

业务分析的八个理论模型

迪士尼策略

基本概念

迪士尼策略采用三个角色和视角分析业务或项目，旨在帮助团队成员更全面地规划和推进工作。

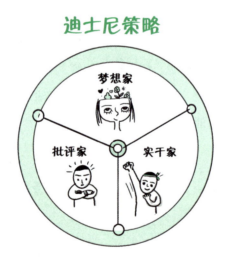

梦想家：在这个阶段，团队成员大胆想象，不拘泥于现实，专注于创意的生成和愿景的描绘。

实干家：在这个阶段，团队成员从梦想家的角色转换到实干家，开始考虑如何将梦想落地。此时，讨论的重点是如何实操，平衡资源和制订实施计划。

批评家：在这个阶段，团队成员扮演批评家的角色，对之前的设想和计划进行批判性分析，提出质疑和挑战，找出潜在的风险和应对策略，确保项目的可实施性。

案例解读

以旭日为例，公司计划开发一款集成了批量订购、个性化定制和自动补货等功能的智能系统。团队应用迪士尼策略进行分析。

梦想家：团队成员聚在一起，大胆想象这款智能系统的完美状态——客户只需点击几下就能轻松下单、系统能够学习用户的消费习惯、自动推荐和预估需求等。

实干家：团队转而考虑实现这些梦想所需的步骤——技术合作伙伴的选择、预算分配、开发时间、用户测试等。

批评家：团队成员扮演批评家角色，仔细审查计划的每一个细节。提出诸如数据安全、用户隐私保护、系统稳定性、成本控制等风险，并探讨解决方案。

系统思考冰山模型

基本概念

系统思考冰山模型是一种帮助分析和理解复杂系统问题的框架，该模型强调不能只关注可见的事件或症状（冰山之上），而应该深入探索背后的模式、结构、心智模式以及更深层的原因，这样才能找到解决方案。

事件：冰山之上的部分，即我们直接观察到的现象，如销售额下滑、员工离职率增加等。

模式：在一系列事件中显现的重复性模式，比如销售额在特定季节周期性下降。

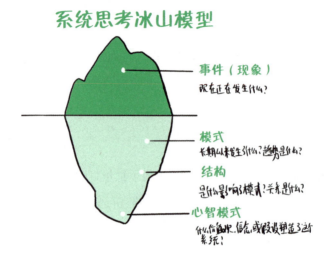

结构：导致这些模式出现的系统结构，包括流程、政策、奖励机制等。

心智模式：个体或集体的思维习惯、信念和假设，它们影响着人们的行为和决策。

案例解读

以旭日为例，公司发现线上平台的客户满意度低、退货率高。通过系统思考冰山模型分析如下：

表面事件：客户满意度低、退货率高。

探究模式：分析发现退货集中在某些特定产品线，且主要在促销期后（模式）。

分析结构：进一步分析发现，促销期为了吸引流量，公司推出了一些未经充分验证的新产品；物流配送系统在促销高峰期压力巨大，导致配送延迟。

检查心智模式：管理者存在一种心智模式，认为现阶段吸引足够的流量进入平台是最重要的，有了流量才能带来新客户、后续销售以及广告推荐等一系列业务。哪怕是退货，也要先增加平台的流量。

更深层原因：数字化平台上线，公司出台了一系列政策、奖励等，这些都是激励增加流量的做法。导致公司的管理层都以提高流量为首要目标，从而忽视了其他方面的工作成效。

所以，想解决退货率高的问题，就要先调整奖惩等政策导向，改变管理层短视的心智模式，进而优化产品的投放入市流程，逐渐降低退货率，才能从根本上杜绝同类问题的发生。

分析和解决问题的九格画布

基本概念

这是我根据实践和研究提炼的分析和解决问题的九个步骤，并采用视觉化方式呈现出来，旨在帮助团队或个人系统分析并解决问题。它包括以下九个步骤：

分析和解决问题的九格画布

厘清问题	定义问题	重构问题	系统排查
制定方案	根因挖掘	创新策略	策略筛选
使众人行	统一目标	分解行动	激励反馈

定义问题：明确问题的具体表现和影响，确保问题被充分地暴露和看见。

重构问题：从问题的若干表象出发，重新审视和思考真正需要解决的问题是什么。

系统排查：对系统里与问题有关的各个影响要素进行排查，找出可能存在的原因。

根因挖掘：使用各种工具和技术深入挖掘产生问题的根本原因。

创新策略：创新性地思考解决方案，鼓励创造性思维。

策略筛选：评估不同解决方案的优缺点，选择最合适的方法。

统一目标：确保所有团队成员对于改进后的目标达成一致意见。

分解行动：将大目标拆解成一系列小步骤，便于执行和追踪。

激励反馈：通过正面激励和及时反馈来维持团队的动力和改进效果。

案例解读

以旭日为例，转型线上平台的销售模式后，公司发现退货率相比之前有了明显的增加。应用分析和解决问题的九格画布来分析。

定义问题：问题的具体表现是退货率显著上升，这直接影响了物流运营成本和客户满意度。

重构问题：退货率上升的背后可能存在多个因素，如产品质量问题、物流配送错误、客户对线上的产品了解不够充分等。通过从线下到线上的模式，发现真正需要解决的问题是"如何让客户在购买前充分了解产品"。

系统排查：全面排查产品描述、图片展示、客户评价等环节，通过数据分析，我们发现退货的主要原因是产品描述不充分，导致客户的期望与实际产品存在差异；图片展示不足以反映产品的实际情况；缺乏足够的用户评价和反馈信息供参考等。

根因挖掘：使用 5 个 Why 分析法（见下文）等工具进行深入分析后，确定问题的根本原因在于产品描述和图片展示的方式和技术过于老套，未能有效地传达产品的特性和优势。

创新策略：提出以下创新策略，包括：改进产品页面的设计，加入更多的细节描述和高质量的图片、视频，以及客户使用实景图评价等。

策略筛选：在评估各种策略的可行性、成本效益比及预期效果后，最终决定优先采用以下措施：优化产品页面设计，增强客户体验；推动客户评价系统的建设，提升客户参与度。

统一目标：确定整改目标——让客户在购买前充分了解产品，从而降低退货率，提高客户满意度。为此，组织内部沟通会议，确保每个人都了解自己的角色和职责，并明确这一目标的重要性。

分解行动：产品团队负责更新产品页面的设计，加入高清图片、详细描述和产品视频；营销团队负责策划客户评价激励活动，鼓励客户分享真实的使用体验。

激励反馈：设立绩效奖励机制，对于有效提高客户满意度和减少退货率的团队给予奖励。定期收集客户反馈，监测退货率的变化趋势，以评估策略的效果，并根据反馈进行调整。

5个Why

基本概念

"5个Why"是一种用于探究问题根因的方法。它的核心是通过连续提问为什么（Why），不断挖掘产生问题的深层次原因，直到找到根本原因。

5个Why分析法

- Why 表象
- Why 直接原因
- Why 间接原因
- Why 深层原因
- Why 根本原因

第一层 Why：针对问题提出疑问，理解表面现象。

第二层 Why：继续追问，寻找问题的直接原因。

第三层 Why：深入探索，揭示问题的间接原因。

第四层 Why：进一步挖掘，探寻问题的深层原因。

第五层 Why：最终找到问题的根本原因。

案例解读

以旭日为例，可以采用这个模型针对"线上销售额低于预期"的问题进行分析。

第一层 Why：为什么线上销售额远低于预期？因为网站流量少。

第二层 Why：为什么网站流量少？因为主动搜索引流方面做得不好。

第三层 Why：为什么主动搜索引流做得不好？因为我们没有做充分的 SEO 工作。

第四层 Why：为什么我们没有做充分的 SEO 工作？因为我们的 IT 部门缺乏专业知识。

第五层 Why：为什么我们的 IT 部门缺乏专业知识？因为我们在招聘和培训方面投入不足。

TKI 冲突处理模型

基本概念

TKI 冲突处理模型（Thomas-Kilmann Conflict Model Instrument）基于"满足对方的期待"和"达成自己的目标"两个维度将个体或团队处理冲突的风格分为五种类型，并提供了针对性的方法来解决和管理冲突。

竞争：坚持自己的目标，不满足对方的期待。在冲突中争取自己的立场，不惜牺牲他人的利益。

回避：不坚持自己的目标，不满足对方的期待。倾向于避开冲突，不愿意面对问题。

TKI 冲突处理模型

妥协：适当坚持自己的目标，适当满足对方的期待。寻找中间地带，双方都做出一定的让步。

迁就：不坚持自己的目标，满足对方的期待。倾向于放弃自己的立场，以满足对方的需求。

合作：坚持自己的目标，满足对方的期待。寻求双赢的解决方案，通过沟通和协作来解决问题。

案例解读

以旭日为例，在转型过程中，IT 部门可能希望用数字化工具来及时同步供应商的库存信息，而运营部门则担心供应商不愿意使用新系统，反而增加了工作量。面对冲突，IT 部门的五种处理方式是：

竞争：IT 部门强调数字化工具对提高效率和竞争力的重要性，并向高层汇报数据和案例，以获得支持。同时，IT 部门也准备了一套培训和支持计划，以降低供应商的学习成本，确保他们顺利应用。

回避：IT 部门可以暂时搁置新系统的引入计划，等待一个更好的时机或者找一个更加成熟完善的解决方案。

妥协：IT部门可以提出一个折中的方案，比如先在小范围内试点新的库存管理工具，收集反馈并逐步改进后再全面推广。

迁就：IT部门可以暂时接受运营部门的观点，先着手解决供应商可能遇到的问题，比如提供额外的技术支持和培训。在供应商对新系统有了一定程度的熟悉之后，再逐步引入数字化工具。

合作：IT部门和运营部门可以组建一个联合工作小组，一起研究如何有效地引入新工具，并解决供应商适应的问题。可以探索如远程技术支持、现场培训等方式，以帮助供应商更快地适应新系统。

复盘四步法

基本概念

复盘四步法是通过对过去工作或项目的回顾和分析，总结经验和教训，以便在未来做出更好的决策。它被广泛应用于团队管理、项目管理和个人成长等领域。复盘的过程通常包括以下四个步骤。

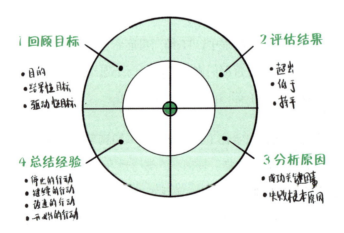

回顾目标： 回顾当初设定的目标是什么，明确期望达到的结果。

评估结果： 客观评估实际取得的结果与目标之间的差距。

分析原因： 深入分析造成差异的原因，包括成功因素和失败因素。

总结经验： 总结可借鉴的经验和教训，为未来再遇到类似的情况提供指导。

案例解读

以旭日为例，团队决定采用复盘四步法来评估最近一次数字营销活动的效果，并从中积累经验教训。

回顾目标： 回顾最初设定的目标，包括提升品牌知名度、增加线上销售额及吸引新客户群体等。

评估结果： 客观评估活动的实际成果——活动期间线上销售额增长了多少，品牌的曝光量和互动量是否达到了预期，新增用户的数量和活跃度是否符合目标等。

分析原因： 成功之处——活动期间的创意内容吸引了大量关注，社交媒体营销策略得当，与潜在客户建立了良好的互动；失败之处——物流配送环节出现了一些问题，导致部分客户对服务不满意；某些营销渠道的选择不够精准，导致投入产出比不高。

总结经验： 成功经验——优质的创意内容和高黏性的社交互动策略非常重要；失败教训——加强对物流配送环节的监控和优化，以确保客户满意度；在选择营销渠道时应充分比对，确保投资回报最大化。

KISS 复盘思维

基本概念

KISS 复盘思维是一种简化版的复盘方法，旨在帮助团队和个人从项目或工作中学习和成长。它通过四个关键步骤来总结经验教训，并为未来的行动提供指导。

KISS复盘思维

保持（Keep）：识别哪些方面做得好，应该继续保持。

改进（Improve）：确定哪些方面需要改进，以提高效率或优化效果。

停止（Stop）：指出哪些无效的做法应该停止，以节省时间和资源。

开始（Start）：提出新的做法或行动，以进一步推动项目或工作的开展。

案例解读

旭日的数字化转型已经推行了半年多，取得了一定的成效。企业决定对这期间的工作做个简单的复盘，可以应用KISS复盘思维。

保持：客户满意度调查显示，客户对企业的服务态度和响应速度非常满意，应该继续保持。

改进：尽管企业已经尝试通过社交媒体办一些营销活动，但效果并不明显。需要改进营销策略，以更好地吸引目标客户群。

停止：为了把线下的客户转化到线上，起初安排门店销售人员引导客户到线上下单，并赠送优惠券。但是数据显示转化率很低，且客户认为门店故意有优惠券不让客户用，逼着客户去线上消费，体验很差。这种行为以后要禁止，不再做。

开始：企业开始更多地依赖数据分析来驱动决策，例如，通过分析客户行为数据来优化库存管理或制定更有效的营销策略。

SCMT 最佳实践萃取法

基本概念

SCMT 最佳实践萃取法是我基于多年的实践总结提炼的一套模型，旨在帮助企业提炼组织智慧、沉淀最佳实践。它强调通过分析具体的情境，识别挑战，采用合适的方法，并运用相应的工具来总结某个领域的工作方法。

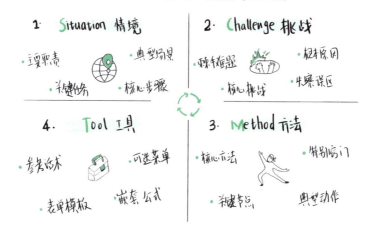

情境（Situation）：明确要分析的具体任务或场景。

挑战（Challenge）：识别在该情境下所面临的挑战及其根本原因。

方法（Method）：探索并归纳解决问题的创造性方法。

工具（Tool）：提供用于实施解决方案的具体工具或支持技术。

案例解读

旭日在成功实现数字化转型后，决定对其中的优秀经验进行提炼和沉淀。

情境：他们选取了一个至关重要的场景来提炼——如何提升媒体广告投放的效果。

挑战：在这个场景中，典型的挑战和难点：广告内容的吸引力不足、投放后的客户互动率低、缺乏足够的数据驱动营销策略及精准定位潜在客户。

方法：针对上述挑战，旭日在转型中逐渐摸索出一套行之有效的方法——创建更有趣味性和实用性的内容，利用智能分析工具了解目标客户的兴趣和偏好，并据此策划具有互动性的社交活动，如问答互动、用户故事分享等。

工具：为了确保团队能够快速掌握上述方法，旭日提供了工具和支持——提供多媒体编辑软件和在线课程，帮助团队成员提升内容创作能力；使用推流工具，在多平台和渠道进行投放和管理等。

第三部分
实践篇

第三部分，我将采用场景化的方式为管理者揭示如何将GREAT成长心智、提问、倾听、共创会、引导技术和结构化思维等融入引导式管理的日常工作中。不管是做日常的管理规划，还是与团队伙伴沟通，抑或正式举办一次共创会，管理者都能从中找到可借鉴的思路和工具。

我们将通过一段完整的团队进化旅程，还原管理者从接手新团队直到团队变强大的过程中要经历的4个阶段和16个典型场景。

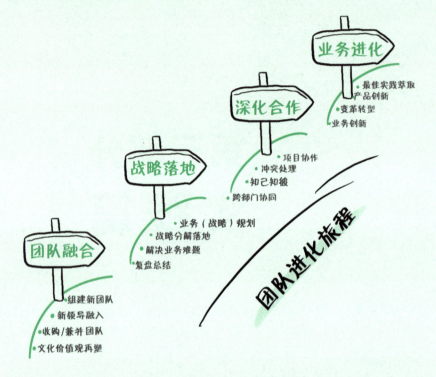

首先，是新团队的融合。一种情况是公司组建了一个全新的团队，选派一名管理者接手；还有一种情况是管理者空降到一个公司，成为某个团队的新任管理者；或者就是一个大团队收购/兼并另一个团队，合二为一。这些情况都需要管理者在开展工作之前先进行充分的团队融合和价值观提炼。

其次，是战略落地。当新团队正式运转起来后，核心问题就是承接上级组织的战略目标。一方面，高层级的管理团队需要制定战略规划；另一方面，中基层的管理者需要带领自己的团队分解战略计划，在战略执行的过程中还可能随时遇到突发的问题和困难，都需要及时应对解决。

再次，随着团队工作的深入开展，对内、对外的深化合作显得愈发重要。一方面要处理好小团队内部的分工协同，另一方面，要进行跨部门的合作。同时，还要化解一些合作中的冲突和分歧，塑造共同的目标和行为准则。

最后，团队发展需要持续的业务进化。优秀的管理者能够带领团队攀登一个又一个高峰，持续地创新变革。这中间需要汲取优秀的经验，也需要及时复盘，还要在现有的业务模式基础上持续创新，更要有勇气去发起一场变革。

案例背景

为了让读者更好地理解此部分内容，我们以凯森公司为案例。

凯森办公用品公司（以下简称凯森）是一家专门为企业客户提供打印耗材、办公用品、节日礼品等定制服务的综合性公司。成立15年，凯森已经位列行业的第一梯队，特别是在华北和华东两个地区，市场占有率稳居第一。但是，凯森的销售和服务主要是依赖线下的销售顾问和售后服务人员跟进和维护。随着数字经济时代的到来，为了提高运营效率，给客户带来更好的使用体验，凯森逐步将原来的线下模式转为线上，即建立统一的商务平台，实现"客户下单—采购制作—物流运输—交付安装—售后服务"的全业务流程线上化。经过3年多的发展，凯森成功转型升级为凯森慧智办公科技有限公司。

第 8 章
团队融合

场景 1 组建新团队

张旭是凯森原销售二部的经理,年轻有为,连续三年入选公司的后备管理梯队。因此,公司决定由张旭牵头成立一个全新的平台商务部,全权负责数字化转型的事务。张旭接到任命后,从公司的采购、供应链、设计、运营等部门抽调了 12 名精兵强将,纳入麾下。同时,又从外部招聘了 6 名具有平台化开发、销售和运营经验的伙伴。1 个月后,包括张旭在内,共计 19 人的团队整装待发。

团队可能面临的挑战

- 团队成员只在任务层面进行了分工,缺乏更深层的情感联结。
- 凯森原来的伙伴对如何实现平台化缺乏经验和认知。
- 凯森原来的伙伴对于是否能成功实现转型可能抱有"观望态度"。
- 外招的伙伴对凯森的业务流程不了解,对企业文化也感到陌生。
- 外招的伙伴虽然有备而来,但对于可能面临的挑战缺乏准备。

管理者的 GREAT 思考问题单

为了更好地发挥每个伙伴的优势,让团队形成合力,张旭带着以下问题进行了思考和探索。

Get 汲取信息

- 伙伴们为何选择加入这个全新部门？大家有着怎样的个人目标和期待？
- 每个人有哪些优势？如何发挥好每个人的专长？规避短板和局限性？
- 公司对新团队的期待和要求是什么？
- 这个平台可以为大家提供什么？如何让伙伴们的个人目标和新团队的愿景相契合？

Reflect 反思现状

- 团队想要实现目标面临的动力和阻力分别是什么？
- 其中哪些因素的影响更强或更弱？
- 我们拥有哪些优势和资源？

Explore 探索新机

- 如何攻克影响最大的阻力？
- 如何强化影响最弱的动力？
- 如何最大化发挥我们的优势和资源？
- 我们未来 3 年的目标和愿景是什么？

Assimilate 整合策略

- 未来 3 年的战略路径是怎样的？
- 短期内（半年到一年）的目标是什么？
- 在未来 1 年乃至更长的时间里，我们应该采取的关键行动是什么？

Transform 转化行动

- 怎样的架构、分工和工作流程能实现我们的战略目标？
- 各职能小组未来半年乃至一年的具体工作计划是什么？

- 怎样的奖惩和沟通机制能够保障目标的达成？

共创会设计概述

为了促进团队伙伴的互相了解，以及共创团队的未来发展，张旭决定和大家一起开展一场以"团队融合及愿景共建"为主题的共创会，设计思路如下：

人数	19人	时长	3.5小时
3H 目标设定			
Heart 树立什么信念	和一群志同道合的人，一起做成一件了不起的事情！		
Head 坚定哪些想法	每个伙伴都有优势和专长、工作面临的推动力和阻碍力、攻克阻碍和强化推动力的策略		
Hand 执行哪些行动	未来12个月的工作路径、未来半年各职能小组以及每个人的具体计划		
结构化思维 及引导工具	力场分析、4W1H、谈话球、头脑风暴、鸡尾酒会、漫游挂图		

O-GREAT-E 共创会全景流程

场景1 组建新团队

流程	议题和时间	关键步骤和产出	引导工具
Open 开场联结	自我介绍 10分钟	围圈而坐，抛球分享：姓名、来自哪里（从内部哪个部门调过来或者来自外部哪个公司）、为什么选择加入这个新团队等	谈话球
	领导致辞 10分钟	公司组建新团队的背景和目标；共创会的期待和目标	
Get 汲取信息	高光时刻 30分钟	**两两交流** 　　每人拿一张彩色A4卡纸，卷成酒杯状，在全场内随机找伙伴交流； 　　交流的内容包括但不限于：近几年在行业/公司里经历的高光时刻、关于自己的三个关键词； 　　要求至少要与3个以上不同的伙伴交流。 **联结新伙伴** 　　逐个分享"在刚才与你有过交流的伙伴里，关于哪些伙伴的什么信息让你印象很深刻？"	鸡尾酒会
Reflect 反思现状	推动力和阻碍力 40分钟	**发散研讨** 　　问题：基于公司赋予新团队的任务和目标，大家认为当下存在哪些推动因素和阻碍因素？ 　　随机将大家分成两组，一组讨论推动因素，另一组讨论阻碍因素。 **强度评估** 　　每人拥有10票，分别在场地两侧进行投票。根据自己对所有因素的强、弱程度判断来赋分； 　　根据每个因素的得票多少进行同比例的线段转换	力场分析
Explore 探索新机	应对策略 40分钟	将得票比较集中的阻碍因素和推动因素单独列出来，写在不同的纸上，分散地贴在会场四周； 　　大家浏览、思考并留贴——如何克服较强的阻碍因素和强化较弱的推动因素； 　　分小组整理、归纳所有的策略，集体达成共识	漫游挂图

（续）

流程	议题和时间	关键步骤和产出	引导工具
Assimilate 整合策略	关键路径 10分钟	将上一轮得出的所有策略按照实施的时间顺序进行排序，以月度为单位，展望未来；可以先由3人结成小组，每个小组平分一些策略，在小组内讨论、排序。然后在全场汇报、达成共识	头脑风暴
Transform 转化行动	分解行动计划 30分钟	以职能小组（如销售组、产品组、运营组等）为单位，根据上一轮产出的关键路径分解本小组至少半年内的工作计划	4W1H
Ending 总结承诺	愿景展望 20分钟	问题：2年后，团队完成了公司赋予的使命，取得了成功，那将是怎样一幅画面？围圈而坐，传球发言，一人一句	谈话球

场景2　新领导融入

在全面迈向数字化的目标下，凯森的IT部肩负着更艰巨的任务。要从原来只服务于内部的基本办公需求转向能够搭建全流程的线上系统，因此，公司为团队新招聘了一位总监级的负责人郭斌。郭斌此前有着丰富的行业背景和经验，先后管理过3个传统企业的数字化转型项目。上任一周后，除了快速熟悉工作，摆在郭斌面前的首要问题就是如何快速融入这个全新的团队，跟伙伴们建立信任关系。

团队可能面临的挑战

- 团队成员与新领导之间缺乏了解和信任。
- 团队成员可能对新领导能否"成功留下来"持观望态度。
- 团队成员还陷在过去的工作任务和模式中，对新任务缺乏敏感度。
- 因为新领导的到来，大家在等待新的指示，原有的工作推进可能会变慢。
- 新领导不了解公司的文化和团队的历史，对其他兄弟部门也很陌生。
- 新领导不信任原团队，甚至持批判和否定态度。
- 新领导只关心新任务，对原有的工作计划漠不关心。

管理者的 GREAT 思考问题单

为了更多地了解团队历史和优势，更快地带领团队开展工作，郭斌可以带着以下问题进行思考和探索。

Get 汲取信息

- 这个团队的历史、过往发展经历和文化氛围是怎样的？
- 伙伴们都有什么优势和特点？
- 我的哪些经验和优势与当前团队的发展适配？

Reflect 反思现状

- 团队既定的工作任务有哪些？进展如何？
- 公司对这个团队的新期待和任务有哪些？进展如何？
- 为了完成新使命，我们还有哪些需要澄清的问题或者需要解决的困难？

Explore 探索新机

- 为了完成新使命，我做什么可以支持团队？大家对我的期待是什么？
- 为了完成新使命，我需要大家如何支持和帮助我？
- 我们怎么配合才能够发挥更大的价值和效能？

Assimilate 整合策略

- 接下来大家的重点工作是什么？
- 我作为团队新任负责人的重点工作是什么？

Transform 转化行动

- 未来半年乃至更长时间的工作计划是怎样的？
- 团队将会发生哪些改变？

共创会设计概述

为了增进郭斌跟团队伙伴之间的了解和信任，公司的 HRBP（人力资源业务合作伙伴）决定邀请团队的核心骨干和郭斌一起，召开一次以"新高管转身和团队融入"为主题的共创会，设计思路如下：

人数	15 人	时长	4 小时
3H 目标设定			
Heart 树立什么信念	新的团队使命和新领导的到来对团队而言是一次机会，我们可以一起做得更好！		
Head 坚定哪些想法	正常推进原工作、快速启动新工作、与新领导相互配合和借力、转型的关键路径		
Hand 执行哪些行动	各职能小组和新领导未来半年乃至更长时间的行动清单		
结构化思维 及引导工具	需求与给予、秘密盒子、同类整理、谈话球、刻度衡量、头脑风暴		

O-GREAT-E 共创会全景流程

场景2 新领导融入

第 8 章 团队融合

流程	议题和时间	关键步骤和产出	引导工具
Open 开场联结	自我介绍 10 分钟	全体围圈而坐，扔球分享； 团队成员向新领导做自我介绍：姓名、来公司几年了、负责什么工作； 新领导向团队成员做自我介绍：履历和从业经历、加入这个公司的机缘、未来有怎样的期待？	谈话球
Get 汲取信息	相互提问 50 分钟	**团队成员向新领导提问** 每人可以向新领导提一个问题（工作、生活都可以）； 每人将问题写在卡片上并扔到秘密盒子里； 领导从盒子里逐一抽取问题并回答。 **领导向团队成员提问** 领导可以向团队成员提任何问题，写在卡片上，大家自愿回答，相互补充。例如，团队经历过的最艰难的时刻是什么？最辉煌的时刻是什么？	秘密盒子
Reflect 反思现状	原任务回顾 20 分钟	**任务概览** 问题：已经纳入今年计划的重点工作有哪些？ 分 2~3 组，分别研讨并书写卡片； 进行同类整理、归纳。 **评估进度** 集体评估每项工作当前的完成进度； 可用百分比或刻度尺的形式呈现	同类整理 刻度衡量 头脑风暴
	新任务连接 20 分钟	问题：目前已经接到的、关于新职责定位的任务需求及期待有哪些？ 分 2~3 组，分组研讨并集体汇报、达成共识	
Explore 探索新机	需求与给予 40 分钟	**团队成员提需求/问题** 随机分成 2~3 组，各组研讨并书写在纸上； 问题：为了完成团队的任务（包括老的和新的），我们存在哪些疑问？需要得到哪些支持？ 新领导思考后，逐一公开回复（同步书写）	头脑风暴

（续）

流程	议题和时间	关键步骤和产出	引导工具
Explore 探索新机	需求与给予 40 分钟	**领导提需求 / 问题** 　领导可以向团队成员提出自己的疑问或者需求，例如，能够支持我们胜任新任务的优势是什么？希望可以带我到各部门走动，与兄弟部门尽快建立联系等 　团队伙伴思考后，逐一公开回复（同步书写）	头脑风暴
Assimilate 整合策略	关键行动 30 分钟	回应上一轮双方提出的需求与给予并总结归纳，形成团队成员和新领导共同的"行动备忘录"	同类整理
Transform 转化行动	行动清单 30 分钟	以职能小组（如销售组、产品组、运营组等）为单位，根据上一轮产生的关键行动分解本小组的工作计划（至少覆盖半年）	头脑风暴
Ending 总结承诺	展望未来 15 分钟	全体成员围圈而坐，扔球分享； 分享内容：希望我们的团队在未来更…… （如更专业、更有影响力等）	谈话球

场景 3　收购 / 兼并团队

　　凯森的运营部在整个公司的业务价值链上承担了很重要的工作，从销售完成一直到客户顺利使用产品，这期间的配货、发货、运输、进场、安装、调试等都由运营部负责。但是，数字化转型后，运营工作的模式有了很大的变化。因此，公司决定收购一支有这方面成熟经验的小团队（10 人左右），快速提升这方面的组织能力。李畅是凯森运营一部的负责人，原团队有 15 人。公司决定让运营一部先行转型探索全新的模式。因此，收购来的团队就并入了李畅团队。作为由两个团队组合而成的新部门负责人，李畅也面临着新的工作挑战。

团队可能面临的挑战

- 两个团队的伙伴之间缺乏了解和信任。
- 新团队以"被收购"的身份加入,对文化、流程、环境都感到陌生。
- 新团队容易带着拥有"先进经验"的优越感评判原团队的"落后"。
- 原团队对新加入的伙伴"不拒绝但不主动",缺乏主动接纳和支持的意识。
- 原团队对即将发生的工作模式的变化缺乏准备和敏感度,习惯用旧模式思考新问题。
- 两个团队的工作习惯、价值观等存在差异。

管理者的 GREAT 思考问题单

为了促进两个团队更好地了解和信任对方,形成更强的团队合力,李畅带着以下问题进行了思考和探索。

Get 汲取信息

- 原团队和收购的团队各有什么特点?
- 原团队有哪些优势和资源可以带到新的模式里?
- 收购的团队有哪些优势和资源可以带到新的模式里?
- 如何互相借力,发挥各自的优势?

Reflect 反思现状

- 两个团队整合的目的和意义是什么?
- 伙伴们对团队整合的认知是怎样的?
- 公司、客户、兄弟部门和生态伙伴对我们有怎样的期待?
- 面对新的环境和任务,两方团队分别面临哪些挑战?
- 新团队在协同的过程中有哪些困难和障碍?

Explore 探索新机

- 令大家振奋和向往的团队愿景是怎样的？
- 我们应该如何应对未来的挑战？
- 我们应该如何克服眼前的困难？
- 团队应该如何分工协作？
- 应该如何设计有助于工作效率提升的沟通、考核机制等？

Assimilate 整合策略

- 当新团队取得成功后，回看这一路，我们做对的最关键的事是什么？
- 接下来的优先行动计划是什么？
- 未来半年乃至一年的关键路径怎样安排？

Transform 转化行动

- 各职能小组具体的工作计划应该怎样安排？
- 每个人要对团队转型做出怎样的贡献和改变？

共创会设计概述

为了促进团队伙伴的彼此了解，共创团队的未来，李畅决定带大家开展一场以"新老团队融合"为主题的共创会，设计思路如下：

人数	25 人	时长	6 小时
3H 目标设定			
Heart 树立什么信念	两个团队的整合将产生 1+1>2 的价值，我们将一起完成公司赋予的新使命！		
Head 坚定哪些想法	这轮转型和融合的意义、面临的机遇和挑战、未来半年至一年的关键行动、团队的行为准则		
Hand 执行哪些行动	各职能小组短期内的行动计划、个人的贡献承诺		
结构化思维及引导工具	相关利益方分析、二分法、时间画廊、空椅子、漫游挂图、隐喻、谈话球、头脑风暴、同类整理、接力赛		

O-GREAT-E 共创会全景流程

场景3 收购/兼并团队

流程	议题和时间	关键步骤和产出	引导工具
Open 开场联结	高光时刻 30分钟	以当前时间为基点,划分三个时间段,如2022年之前、2023~2024年、2024年以后; 两个团队各自组队,分别研讨——在这三段时间里,"行业、公司和自己"分别发生了什么大事件	时间画廊
Get 汲取信息	团队秀场 40分钟	请双方团队分别研讨提炼自己的优势(拥有的资源、经验等)和特点(强执行力、善于创新等); 双方分坐两侧,每方的伙伴按顺序接力发言,不重复; 请每方的伙伴按顺序接力说出对方团队吸引你的优势和特点	接力赛
Reflect 反思现状	整合的意义 40分钟	邀请双方团队混搭后随机分成四个组,分别代表"公司发展""服务客户""团队自身""生态合作"四个立场来研讨两个团队整合的意义和价值	空椅子
Explore 探索新机	愿景展望 30分钟	问题:3年后,我们将会拥有怎样的未来? 邀请大家随机混搭成四个组,每组用手绘海报的方式勾勒未来的成功画面。要求画面中要包含公司、团队和客户等	手绘隐喻

（续）

流程	议题和时间	关键步骤和产出	引导工具
Explore 探索新机	迎接机遇 应对挑战 50分钟	问题：基于新团队的使命和愿景，我们应该如何迎接机遇，应对挑战？ 随机将大家分成四个大组，分组讨论，两组讨论机遇，两组讨论挑战	头脑风暴
Assimilate 整合策略	关键行动 50分钟	基于之前的讨论，规划未来一年内的团队关键行动； 随机将大家分成四个大组，分组讨论、书写卡片； 归纳整理各组的意见，必要时可以通过投票的方式选出5~7个关键行动	同类整理
Transform 转化行动	分解行动计划 50分钟	以职能小组（如销售组、产品组、运营组等）为单位，根据上一轮产生的关键路径分解本小组的工作计划	头脑风暴
	团队守则 40分钟	问题：为了保证新融合的团队在未来可以高效地工作，我们应该树立怎样的行为准则？ 在会场的四周分散张贴"反对的语言""反对的行为""支持的语言"和"支持的行为"四张白板纸，大家自由浏览并留贴； 分组概括支持和反对的言行背后的原因，例如，支持"在桌面上热烈争论"和反对"不支持、不反对、不表态的三不做派"背后的共同信念是"当责"	漫游挂图
Ending 总结承诺	期待与承诺 20分钟	围圈而坐，扔球发言，一人一句； 发言内容：我对新团队的期待，以及我对这个团队的承诺	谈话球

场景4　文化价值观再塑

经过一年半的努力，凯森的数字化转型工作进展顺利，线上的业务模式已经基本成熟。为了更好地保障新业务的发展，公司决定成立一个全新的子公司——凯森慧智办公科技有限公司（以下简称凯森慧智），专注发展电子商务。之前张旭、郭斌、李畅等率领的团队均升级成为一级部门，凯森的原副总裁郑智出任这个新公司的总经理。此刻，郑智要接手的是一个经验、背景都多元化的团队。一方面子公司要传承母公司的文化和精神，另一方面又要建立自己的价值观和使命。

团队可能面临的挑战

- 各个部门仍然在母公司的体系下各自作战，尚未形成一个整体。
- 大家习惯了母公司的流程、模式和文化，对需要重新建立一套机制的敏感度不足。
- 只有业务层面的目标牵引，缺乏底层共同的使命、愿景和价值观的驱动。
- 大家的行为准则和价值观是无意识产生的，需要被正式提炼、澄清和公示。

管理者的 GREAT 思考问题单

作为一个资深的职业经理人，郑智深知业务的发展离不开公司文化的护航。他带着以下问题去思考和探索新公司的文化底色。

Get 汲取信息

- 母公司的文化包含哪些要素？
- 其他集团企业、子公司和母公司的文化是如何既有沿袭又有区分的？
- 跟我们同类型的公司是如何定义自己的文化的？

Reflect 反思现状

- 我们的团队伙伴现在展现出的言行是怎样的？一级部门的行为方式的一致性如何？

- 我们是如何做业务战略的取舍和经营决策的？
- 我们有哪些成功的高光事件或者失败的教训？
- 我们团队公开倡导/招募的人或行为是什么？
- 我们有哪些公开或不公开的仪式、规矩和习惯？
- 我们的管理者展现出的管理风范（如何决策、组织、授权、控制和激励）是怎样的？

Explore 探索新机

- 母公司对子公司的战略定位是怎样的？
- 什么样的使命和愿景才能与我们的战略定位相匹配？
- 我们的经营、管理、做事的方式、协作等各方面，应该秉持怎样的信念？

Assimilate 整合策略

- 我们应该倡导怎样的价值观才能与使命、愿景适配？
- 内在信念转化成外显的价值观会是怎样的体现？
- 外部客户、生态伙伴会期待我们展现出怎样的价值观？

Transform 转化行动

- 要如何向团队成员宣传我们的公司文化和价值观？
- 如何向外部客户和生态伙伴传播我们的公司文化？
- 与价值观匹配的言行是怎样的？
- 如何统一团队的言行？

共创会设计概述

为了加强团队对文化的思考和理解，郑智召集公司的一级部门负责人及部分骨干举办了以"公司文化凝练"为主题的共创会，设计思路如下：

人数	25 人	时长	5.5 小时
3H 目标设定			
Heart 树立什么信念	我们要建立更适合自己的使命、愿景和价值观,这是属于我们的文化内核		
Head 坚定哪些想法	我们的使命和愿景,我们在经营、管理、人才任用等方面的深层假设,我们的价值观及释义		
Hand 执行哪些行动	基于价值观的 YES/NO(做什么/不做什么)行为清单		
结构化思维 及引导工具	企业文化三要素、沙因睡莲模型、建设性辩论、隐喻、世界咖啡、谈话球、头脑风暴、漫游挂图、同类整理、投票筛选		

O-GREAT-E 共创会全景流程

场景4 文化价值观再塑

流程	议题和时间	关键步骤和产出	引导工具
Open 开场联结	1还是2 20分钟	按照引导师出的5个选择题(例如,一个人去餐厅吃饭时,会选择1.堂食;2.打包带走)进行选择并在胸口贴不同颜色的点点(如红点点代表1,绿点点代表2)。 先在场内找与自己的选择基本一致的伙伴交流; 再在场内找与自己选择大相径庭的伙伴交流; 交流的内容包括但不限于:日常有什么爱好、擅长什么运动、对今天的共创会有什么期待……	/

（续）

流程	议题和时间	关键步骤和产出	引导工具
Get 汲取信息	知识输入 企业文化三要素 20分钟	分享企业文化三要素，使命、愿景和价值观。 使命：我们为什么而来，我们存在的意义是什么； 愿景：我们要去往哪里； 价值观：我们要恪守怎样的信念和行为准则； 举例说明母公司凯森的使命、愿景和价值观分别是什么？	/
	同行企业文化扫描 20分钟	全场随机分成三个组，分别在行业内找到一个同类的对标企业，并搜索研究其企业文化三要素	头脑风暴
Reflect 反思现状	呈现行为事实 50分钟	邀请大家围绕以下六个方面回顾——自己所在的团队是怎么做的？ ①关于业务、战略和定位的取舍； ②团队的成功事件或者高光时刻； ③团队的失败事件或者错误教训； ④团队公开倡导/招募的人或行为； ⑤公开或不公开的仪式、规矩、习惯； ⑥管理风范（管理者如何决策、组织、授权、控制和激励） 随机分成6组，分别归纳整理上一轮的产出内容	漫游挂图
Explore 探索新机	探究深层假设 50分钟	基于上一轮的行为事实，探究团队在以下四个方面的深层假设： ①关于经营战略的深层假设：例如，我们不能太赚钱，要保持公益性； ②关于管理的深层假设：例如，森严的层级和严格控制才能让公司有序； ③关于做事的深层假设：例如，规则和安全很重要，绝不能逾矩、冒险； ④关于协作的深层假设：例如，各部门的职责和权力都是有边界的，不能越界。 分组对四类假设进行归纳整理，汇报分享	头脑风暴

（续）

流程	议题和时间	关键步骤和产出	引导工具
Explore 探索新机	使命宣告 15分钟	问题：凯森慧智的使命是什么？例如，阿里巴巴的使命是"让天下没有难做的生意"，迪士尼的使命是"让人们快乐"。 围圈而坐，扔球接力发言。无须咬文嚼字，可以重复	谈话球
Assimilate 整合策略	深层假设筛选 20分钟	在前一轮探究得到的深层假设里，哪些是符合凯森慧智的发展需要的？ 如果备选的深层假设里没有明显的对立和矛盾之处，投票筛选就可以； 如果备选的深层假设里有明显的对立和矛盾之处，可以采用辩论的方式进行抉择	投票筛选 建设性辩论
Assimilate 整合策略	价值观信条萃取 40分钟	问题：为了实现我们的使命，我们应该秉承怎样的价值观？例如，创新突破——没有路，就蹚出路。 随机分5组，每组产出5~8个词条。 集体归纳、分类，最终产出5个以内的价值观词条	同类整理
Transform 转化行动	价值观行为转化 60分钟	随机分成5组，采用世界咖啡的形式，研讨基于价值观，在以下五个方面分别应该展现的言行是什么？（包括倡导的和反对的） ①对外合作，与利益方互动：在与外部的利益方合作的过程中，我们倡导和反对的言行； ②对内合作，与同僚的协同：在与内部的伙伴或跨部门协同时，我们倡导和反对的言行； ③对内做事，工作的决策和执行：在工作任务的落地推进中，我们倡导和反对的言行； ④识人用人的标准和要求：在选人、识人、评价人时，我们倡导和反对的言行； ⑤领导者的管理风范：管理者在团队和事务的管理中，我们倡导和反对的言行	世界咖啡
Ending 总结承诺	描绘未来 20分钟	以小组为单位，采用毛毛根搭建隐喻故事——凯森慧智是这样一个公司…… 分组展示并汇报	隐喻

第 9 章
战略落地

团队组建好、磨合好之后，摆在管理者面前的当务之急就是确保公司的战略目标落地了。

首先，高层级的管理者要参与战略规划和制定的过程中。这个过程绝不是拍脑袋定个数字或者用去年指标乘以一定的系数那么简单。这个过程要充分地考虑外部环境的变化、行业的竞争态势、客户和市场的期待以及组织自身的资源优势等，进行系统分析。

其次，中基层的管理者需要做的是把上层的战略分解、落地。他们需要正确地向团队伙伴宣贯上层的战略意图、合理地分配任务和指标、识别风险和挑战、分析有效达成目标的过程和考核机制等。

当然，管理者带领团队完成战略目标的过程不可能一帆风顺，必然会遇到一些突发的问题或者困难。例如，一个重大的客户投诉、一个流程的停滞等。这些问题通常都不是一个人或者一个小组能够解决的，往往需要多个相关的部门来共同找到问题的根因，协作应对。

优秀的团队会及时对业务和工作进行复盘和总结，从中汲取经验教训，总结优秀的工作方法。

在本章，我们将继续沿着凯森慧智的数字化转型之路前进。

场景1　业务（战略）规划

凯森慧智的总经理郑智接手新公司后的首要任务就是制定公司新一年的战略规划，他需要在一个月内拿出规划案向董事会汇报。郑智认为这个战略规划不能靠自己拍脑袋得出，决定邀请平台商务部张旭、IT研发部郭斌、运营管理部李畅等一级部门负责人以及每个部门的核心骨干一起参与研讨。一方面各职能部门在本专业领域更有发言权，另一方面由大家集体参与制定的规划也更容易被执行和落地。这对于一个新组建的公司而言是非常重要的。

团队可能面临的挑战

- 新发展的业务，缺乏足够的数据积累，也没有成熟的经验作为支撑和参考。
- 公司在电子商务领域的实践比较初级，尚未形成清晰的战略方向和明确的战略定力。
- 对内的组织结构、机制流程，对外的上下游合作、生态关系都没有形成体系。
- 团队成员的构成比较多元，大家对战略和愿景有各自的理解，有待统一。

管理者的 GREAT 思考问题单

为了做出慎重、全面且系统的战略规划，郑智带着以下问题跟核心管理层一起思考和探索。

Get 汲取信息

- 作为凯森新成立的独立子公司，我们承担着怎样的特殊使命和责任？
- 公司高层、客户、生态合作伙伴等相关利益方对我们有怎样的期待？
- 公司的员工对公司的未来有怎样的憧憬？

- 大环境有哪些变化和发展趋势？会对公司的发展带来怎样的影响？

Reflect 反思现状

- 是什么促使我们在这个阶段进入电子商务的赛道？
- 我们有哪些优势？
- 我们有哪些劣势？
- 我们有哪些机会？
- 我们面临怎样的挑战？

Explore 探索新机

- 我们如何抓住机会，放大优势？
- 我们如何利用机会，规避短板？
- 我们如何发挥优势，迎接挑战？
- 我们如何弱化挑战和短板带来的双重影响？

Assimilate 整合策略

- 在可见的 1~3 年内，我们的战略规划和实现路径是什么？
- 近一年的战略重点和目标是什么？

Transform 转化行动

- 围绕战略重点，各部门该如何承接目标和任务？需要为此做怎样的准备？
- 如何确保战略执行过程中的动作不变形？
- 如何向全体员工宣贯我们的战略和目标？

共创会设计概述

为了确保新一年的战略经过充分论证且能在后期有效落地，郑智召集核心管理层以及部门骨干一起开展了一场以"战略共创"为主题的共创会，设计思路如下：

第 9 章 战略落地

人数	25 人	时长	6 小时
3H 目标设定			
Heart 树立什么信念	想要实现我们的愿景和使命，必须形成一份共同拟定、人人愿意为之奋斗的战略规划		
Head 坚定哪些想法	利益方对我们的期待，大环境对我们有利的变化，我们在外部拥有的机会和挑战、我们内部的优势和劣势、未来几年的战略大方向		
Hand 执行哪些行动	各职能部门未来 1 年的战略重点和成果产出		
结构化思维及引导工具	PEST 分析、SWOT 分析、书写式头脑风暴、空椅子、二维矩阵、世界咖啡、漫游挂图、谈话球		

O-GREAT-E 共创会全景流程

场景 1　业务（战略）规划

流程	议题和时间	关键步骤和产出	引导工具
Open 开场联结	高管致辞 10 分钟	团队 1 号位负责人就此次共创会的意义、期待和产出等表达期待，鼓励大家开放、充分、创新地进行思考，为新一年的工作奠定基础	/
	主题讨论 15 分钟	大家围圈而坐，扔球分享：基于我们的使命和愿景，公司新一年核心的战略重点是什么？	谈话球

（续）

流程	议题和时间	关键步骤和产出	引导工具
Get 汲取信息	环境扫描 40 分钟	先行扫描外部环境正在发生的、对公司发展可能有影响的变化和趋势，采用 PEST 分析框架，将政治、经济、社会、技术四个维度分别写在四张白板纸上，张贴在会场四周； 大家采用漫游挂图的方式自由浏览、留贴； 随机分成四个组分别整理归纳，并向全体汇报、达成共识	漫游挂图
	需求探究 40 分钟	从公司的关键利益方角度思考，他们有哪些需求。利益方包括但不限于：投资人（或者董事会）、客户、内部员工及生态合作伙伴等； 将几个利益方分别做成角色椅，大家自由坐到不同的角色椅上进行思考、讨论和书写。如果时间允许，尽量让每个人都有机会坐到不同的角色椅上思考； 分组整理归纳，全体形成共识	空椅子
Reflect 反思现状	SWOT 分析 60 分钟	将全场分为四个小组，分别讨论内部优势、内部劣势、外部机会、外部挑战； 各组伙伴采用书写式头脑风暴的形式共创； 各组整理归纳，向全体汇报并形成共识	书写式 头脑风暴
Explore 探索新机	战略重点 浮现 90 分钟	全场随机分为四个组，采用世界咖啡的形式，分别进行 SO、WO、ST、WT 战略共创。 统一书写格式：做什么＋影响。例如，打造旗舰产品，巩固产品在市场的领先地位	世界咖啡
Assimilate 整合策略	战略重点 筛选 30 分钟	采用"实施难易—价值收益"矩阵，对上一轮的战略进行筛选。部署未来 1~3 年的战略路径，尤其是近 1 年的优先战略	二维矩阵
Transform 转化行动	战略分解 50 分钟	以职能为单位重新组队，研讨本部门的责任和产出。将上一轮输出的战略重点逐个分解到各个职能部门，明确每个部门在这个战略中的贡献和责任。例如"打造旗舰产品，巩固产品在市场的领先地位"这个战略，市场部的职责是"建立矩阵式市场推广渠道"，产品部的职责是"研发具有代表性的旗舰产品"	头脑风暴

(续)

流程	议题和时间	关键步骤和产出	引导工具
Ending 总结承诺	行动承诺 20分钟	全体伙伴围圈，逐个分享；然后就如何将今天的研讨成果带回到本部门进一步做战略分解	结束圈

场景 2　战略分解落地

凯森慧智的张旭、郭斌、李畅等一级部门负责人在参加了高层的战略规划会后，第一时间着手在部门内进行进一步的战略分解和落地。在上一级战略规划中拿到的只是本部门的重点工作方向和要交付的成果等，但具体的执行计划、过程管理和监控考核等都需要和团队的伙伴们一起商讨确定。

团队可能面临的挑战

- 被动接受公司高层传递的战略目标，对更深层的战略意图缺乏主动思考。
- 按惯性思维只对战略目标进行分解，对有效达成目标的过程考虑不充分。
- 制订工作计划时，对所面临的挑战和资源需求考量不足。
- 只关注自己团队的工作计划，忽略与其他团队工作的衔接和配合。
- 对战略落地过程中的意外和变量缺乏准备。

管理者的 GREAT 思考问题单

为了更好地分解战略执行计划，确保目标达成，张旭、郭斌、李畅带着以下问题去思考和探索。

Get 汲取信息

- 为什么公司要做出这样的战略规划？其背后与使命、愿景的关系是什么？
- 在公司层面的战略规划中，对我们部门有怎样的定位和要求？
- 我们部门在公司整体的价值链中处于什么环节？与其他部门的关系是什么？

Reflect 反思现状
- 部门伙伴是如何理解战略目标的？大家的理解是否一致？
- 为了完成公司交给我们的任务，我们需要哪些条件或支持？
- 为了完成公司交给我们的任务，我们面临哪些挑战和障碍？

Explore 探索新机
- 怎么样的过程才能够支撑我们拿到结果？
- 我们要如何克服障碍、寻求支持？重点工作是哪些？
- 除了常规的工作，有可能还会出现哪些意外的变化？需要提前做哪些准备？

Assimilate 整合策略
- 未来一年的工作重点和计划是怎样的？
- 要如何安排优先级？
- 对于每项工作的检核和评估应该如何做？

Transform 转化行动
- 各职能小组半年乃至一年内的具体工作计划是怎样的？
- 有哪些跟进、控制和纠偏机制？

共创会设计概述

部门负责人也可以直接邀请团队伙伴一起进行一场以"战略解码"为主题的共创会，设计思路如下：

第 9 章 战略落地

人数	20 人	时长	3.5 小时
3H 目标设定			
Heart 树立什么信念	我们团队是公司战略蓝图上重要的一环，我们的执行效果直接影响公司的目标达成		
Head 坚定哪些想法	关于克服阻碍和赢得支持的方法、整个团队的战略重点和方向、考核评价的标准等		
Hand 执行哪些行动	团队各职能小组未来一年的工作计划、相互协同配合的机制		
结构化思维 及引导工具	力场分析、4W1H、漫游挂图、谈话球、头脑风暴		

O-GREAT-E 共创会全景流程

场景2 战略分解落地

流程	议题和时间	关键步骤和产出	引导工具
Open 开场联结	战略分享 15 分钟	团队负责人就在高层战略会上达成的战略重点和目标向大家进行宣贯和介绍	/
Get 汲取信息	战略澄清 25 分钟	随机分成 3 组，分别从为什么、在哪里、是什么进行研讨，深度理解上层的战略目的。 为什么：跟公司使命、愿景关联，底层战略意图； 在哪里：在战略版图上的位置，与其他战略的关联性； 是什么：什么时间、完成什么样的结果	头脑风暴

205

（续）

流程	议题和时间	关键步骤和产出	引导工具
Reflect 反思现状	推动力和阻碍力 40分钟	**发散研讨** 问题：基于公司赋予新团队的任务和目标，大家认为当下存在哪些推动因素和阻碍因素？ 随机将大家分成两大组，一组讨论推动因素，另一组讨论阻碍因素。 **强度评估** 每人拥有10票，分别在力场两侧进行投票。根据自己对所有因素的强、弱程度判断来打分。 根据每个因素的得票多少进行同比例的线段转换	力场分析
Explore 探索新机	应对策略 40分钟	将得票比较集中的最强阻碍因素和最弱推动因素单独列出来，写在不同的白板纸上，分散贴在会场四周。 大家在不同的因素前浏览、思考并留贴——如何克服阻碍因素和强化推动因素。 分小组整理、归纳所有的策略，集体形成共识	漫游挂图
Assimilate 整合策略	关键路径 30分钟	将上一轮得出的所有策略按照实施的时间顺序进行排序，以月度为单位，展望一年。 可以先结成3人小组，每个小组平分一些策略，小组内讨论、排序。然后向全场汇报，形成共识	头脑风暴
Transform 转化行动	分解行动计划 30分钟	以职能小组为单位，根据上一轮产出的关键路径，分解本小组未来一年的计划	4W1H
Ending 总结承诺	协同承诺 20分钟	问题：在战略落地的过程中，你期待得到其他小组怎样的协同和配合？	谈话球

场景3　解决业务难题

李畅所率领的运营部按照预订的计划稳步推进中，各项指标和数据都良好，团队伙伴们充满信心，干劲十足。但是，在第二季度的尾声，突然出现订单积压、货品运输在途时间延长、交付延期的连环问题。刚出现问题的时候，还能紧急采取措施化解。但随着后来问题频发，已经无法用应急措施解决，甚至还出现了库房爆仓、客户退款等一系列连锁反应。为此李畅决定和团队伙伴们认真地进行分析和排查。因为这些问题还涉及外部供应商和合作伙伴，所以在这轮沟通中，李畅也邀请了外部伙伴一起参与。

团队可能面临的挑战

- 仅从表面分析问题，没有深挖问题的根因及进行全系统的分析。
- 迫于时间压力，仓促采用短视的应急措施，既消耗了资源，又治标不治本。
- 外部的供应商和合作伙伴的配合意愿没有那么高，更多考虑自己的利益得失。
- 找到的解决方案复杂且成本高，很难在短时间内落地见效。
- 没有创新性的解决方案，只是在原有做法上增强，不能从根本上解决问题。

管理者的 GREAT 思考问题单

为了找到问题的根因，从根源上找到有效的解决方案，李畅和团队可以带着以下问题进行思考和探索。

Get 汲取信息

- 当下存在的问题都有哪些具体表现？
- 由此造成的不良影响是什么？
- 数据层面有哪些表现？

Reflect 反思现状

- 近期，内、外部出现了哪些变化和调整有可能导致问题的发生？直接相关性有多大？
- 造成这些问题的原因是什么？
- 所有导致问题产生的原因之间的关系是什么？
- 深层次的根因是什么？

Explore 探索新机

- 我们有哪些应对方法？
- 这些方法是临时的还是长期的？
- 这些应对方法有创新性吗？还是只是原有方法的加强？
- 哪些方法是从内部推动和改变的？
- 哪些方法是从外部寻求支持和联动的？

Assimilate 整合策略

- 能够尽快推动执行，且作用深远的举措有哪些？
- 如果这些应对策略都被执行到位，问题仍然没有被彻底解决，我们还能做些什么？

Transform 转化行动

- 各职能小组如何快速地投入行动中？
- 如何激发外部合作伙伴的动力？如何对他们的行动进行监督和考核？

共创会设计概述

为了深度、全面地分析问题，寻求有效的应对策略，李畅召集团队成员和外部的供应商等召开了一场以"分析和解决问题"为主题的共创会，设计思路如下：

人数	20 人	时长	3.5 小时
3H 目标设定			
Heart 树立什么信念	我们要从根本上解决问题,不能仓促采取短视的措施从而产生更大的隐患		
Head 坚定哪些想法	造成问题的多种原因、可能采取的各种策略		
Hand 执行哪些行动	未来半个月到一个月的行动计划、对外部伙伴的跟进、协同机制		
结构化思维 及引导工具	5 个 Why、SCAMPER 创新思维、入/离场调查、刻度衡量、二维矩阵、谈话球、同类整理、头脑风暴、投票筛选、世界咖啡		

O-GREAT-E 共创会全景流程

场景3 解决业务难题

流程	议题和时间	关键步骤和产出	引导工具
Open 开场联结	入场调查 10 分钟	为了改善这个问题,你所在的团队曾经做过哪些尝试和努力?	入场调查
Get 汲取信息	重现问题 15 分钟	围圈而坐,扔球分享:当下这个问题出现的具体现象是什么?有哪些数据层面的表现?带来的不良影响有哪些?例如,连续两周出现订单积压、现场交付延期导致客户索赔等	谈话球

(续)

流程	议题和时间	关键步骤和产出	引导工具
Reflect 反思现状	原因初探 30分钟	问题：造成上述现象的潜在原因可能有哪些？ 随机分为4组讨论，每组5~8张卡片； 整理共识	同类整理
	根因挖掘 50分钟	**Why-Why-Why 根因挖掘** 将上一轮得出的潜在原因平均分给不同的小组，每组采用至少三层"Why-Why-Why"的追问方式挖掘根因； 按照表面原因在上、底层根因在下的方式对所有卡片进行归纳总结。 **根因筛选** 全场采用投票的方式，筛选出几个主要根因	头脑风暴 投票筛选
Explore 探索新机	策略创新 40分钟	将上一轮的几大根因分别写在白板纸上，将全场伙伴平分成几个组，每组认领一张，分组研讨； 可以邀请大家采用SCAMPER创新思维进行思考，尽可能提出开创性的、意义深远的解决方案； 采用世界咖啡的形式进行至少3轮以上的讨论	世界咖啡
Assimilate 整合策略	策略筛选 20分钟	采用"实施难易—价值收益"矩阵，对上一轮产出的策略进行筛选，最终聚焦到价值高且相对易操作的解决方案上	二维矩阵
Transform 转化行动	分解行动 20分钟	以职能小组为单位，根据上一轮产出的解决方案分解本小组的后续工作计划，涉及外部合作伙伴的事项，同步计划	头脑风暴
Ending 总结承诺	离场调查 10分钟	问题：现场产生的解决方案可以解决我们的问题吗？	刻度衡量

场景4　复盘总结

凯森慧智已经正式运营了近一年的时间，各项工作都在按计划有序推进。平台商务部作为公司的前端销售部门在上半年出色地完成了业绩指标，尤其是在销售额和客单价等方面表现出色。当然，也存在客户覆盖度、复购率等方面的差距。部门负责人张旭决定带领团队伙伴做一次系统复盘，为下半年工作的开展奠定基础。

团队可能面临的挑战

- 团队伙伴满足于关键业绩指标的成功，忽略其他关联指标的不足。
- 团队伙伴更关注数据层面的显性指标，忽略非数据性的隐性指标。
- 分析成功的时候容易主观内归因，分析失败的时候容易客观外归因。
- 更关注结果的达标与否，对具体实现的过程缺乏总结和提炼。
- 总结的内容浮于表面，不够深刻和简练，难以复制。

管理者的 GREAT 思考问题单

为了能够全面、深刻地进行复盘，张旭和他的团队带着以下问题去思考和探索。

Get 汲取信息

- 相比最初设定的目标，我们实际完成的结果如何？
- 超出的、低于的、持平的、新增的结果分别有哪些？
- 整个完成的过程，如果用 1~10 来打分，可以打几分？

Reflect 反思现状

- 做得好的部分是什么？是我们可控、不可控还是半可控的？
- 做得不足的地方是什么？是我们可控、不可控还是半可控的？
- 对于我们做得好的部分，我们做对了什么？关键要素是什么？
- 对于我们做得不足的部分，问题出在哪里？根因是什么？

Explore 探索新机

- 我们如何利用成功经验？以后可以怎么做？
- 如何汲取失败的教训？以后可以怎么做？

Assimilate 整合策略

- 值得总结的最佳实践有哪些？
- 如何结构化演绎最佳实践？
- 如何传播和复制最佳实践？

Transform 转化行动

- 未来应该继续的是哪些行动？
- 未来应该优化的是哪些行动？
- 未来应该停止的是哪些行动？
- 未来应该着手启动的是哪些行动？

共创会设计概述

为了提升团队伙伴共同的认知和提升，张旭召集大家开展了以"上半年复盘总结"为主题的共创会，设计思路如下：

人数	20人	时长	4小时
3H 目标设定			
Heart 树立什么信念	既要低头拉车，又要抬头看路。阶段性的复盘可以帮助我们沉淀经验，不断前进		
Head 坚定哪些想法	各项指标的达成情况、亮点和不足、如何将可控的部分做好、如何降低不可控部分的影响、值得提炼的核心经验		
Hand 执行哪些行动	可以带到未来的行动计划		
结构化思维 及引导工具	复盘四步法、KISS 复盘思维、SCMT 最佳实践萃取法、投票筛选、世界咖啡、谈话球、爆米花、头脑风暴、同类整理、漫游挂图		

O-GREAT-E 共创会全景流程

场景4 复盘总结

流程	议题和时间	关键步骤和产出	引导工具
Open 开场联结	高光时刻 10分钟	每人分享在上半年最让自己感到骄傲和自豪的成就	谈话球
Get 汲取信息	回顾目标 10分钟	邀请大家一起回顾上半年都设定了哪些任务目标。 注意，既要关注显性的结果指标（销售额、增长率等），又要留意隐性的过程指标（团队能力的提升、品牌口碑的扩大等）	爆米花
	评估结果 15分钟	采用图示的方式，集体对实际达成情况进行评估，图示如下： 超额完成"↑"、未完成"↓"、消失"-"、新增"+"	头脑风暴
	亮点和不足 30分钟	问题：上半年的工作有哪些亮点和不足？ 随机分成2个组，一半的伙伴分析亮点，一半的伙伴分析不足，分别书写在卡片上；集体研讨、整理和形成共识	同类整理
Reflect 反思现状	可控性分析 10分钟	采用图示的方式，反思 Good 和 Need 哪些是全可控（绿点点）的？哪些是半可控（黄点点）的？哪些是不可控（红点点）的？	投票筛选

（续）

流程	议题和时间	关键步骤和产出	引导工具
Reflect 反思现状	根因分析 40分钟	将上一轮产出的亮点和不足平分给几个小组，分组研讨； 深挖推动成功的关键因素，尤其是半可控和不可控的成功部分；深挖造成不足的根本原因，尤其是半可控和可控的不足部分； 注意主观和客观的双视角，采用Why-Why-Why追问	头脑风暴
Explore 探索新机	行动再造 50分钟	问题：未来如何利用成功经验？如何汲取失败教训？ 将上一轮挖掘的成功关键因素和失败根因平分给几个小组，分组研讨。采用世界咖啡的形式，做3轮以上交换	世界咖啡
Assimilate 整合策略	最佳实践萃取 40分钟	挑选最值得沉淀和传播的几大关键点，提炼总结； 采用：场景+挑战+方法+工具的结构进行梳理和重构； 分小组研讨，每个小组负责一个最佳实践案例的提炼总结	头脑风暴
Transform 转化行动	后续行动 20分钟	从"继续做、优化做、停止做、开始做"四个角度共识后续的行动计划； 将四个主题的海报纸贴在会场四周，大家自由浏览、留贴； 分组整理归纳，集体汇报	漫游挂图
Ending 总结承诺	个人总结 10分钟	我在未来的工作中会做出的改变是什么？	谈话球

第 10 章
深化合作

伴随着战略规划的落地，凯森慧智各部门的工作都在有序推进。但是，业务开展得越深入，对内和对外的协作挑战也就越大。

首先，在团队内部要进行合理分工，有效协同。特别是在面对一些临时的、突发的项目协作时，需要打破原有的定位和分工。这需要管理者激发伙伴的能动性，和大家一起确定项目目标和协同方式。

其次，在协作的过程中会遇到团队成员意见不合，甚至激烈冲突的情况。如果不及时处理冲突，就有可能从事情层面的分歧上升到人际层面的矛盾，造成整个团队的信任和协作基础崩塌。

当然，有些冲突是由客观层面的信息差或者认知不同造成的，但有些冲突涉及团队成员的个性和风格差异。管理者需要及时推动团队成员加深了解，通过相互的理解和接纳，建立深层的信任。

最后，越是大型的组织、复杂的任务，越会频繁面临跨部门协同的问题。各部门之间的定位、职责不同，难免在对任务的优先级理解上存在差异。加之彼此的人手、资源、利益分配等都是有限的，如果不积极沟通，"部门墙"会越来越厚。

场景 1　项目协作

随着公司平台电商业务越来越成熟，凯森慧智决定再次推出新的业务模式——面向企业大客户的阳光集采系统。这个项目将在电商平台的基础上，针对全国乃至全球的大型集团公司推出集采系统，旨在降低大客户的采购成本，让客户的采购过程阳光、透明、可追溯。项目意义重大，不但需要调动凯森慧智的各个部门，还要借助母公司的力量。为此，公司组建了一个临时的项目组，由凯森慧智的一把手郑智亲自挂帅。

团队可能面临的挑战

- 临时组建的跨部门项目组，大家的信任关系偏弱。
- 大家对于最终的项目成果和目标缺乏一致的理解和认知。
- 每个成员都要在做本职工作之外，额外承担项目组的工作，重视度和投入度可能不足。
- 各部门容易站在本位角度，谨慎定义自己可以投入的精力和贡献，缺乏全局高度。
- 临时组建的项目组，在目标评价和结果考核层面缺乏有力的约束。

管理者的 GREAT 思考问题单

为了让这个临时项目组能够更好地开展工作，郑智带着以下问题去思考和探索。

Get 汲取信息

- 为什么要在这个时间节点发起这个项目？
- 这个项目对于公司现阶段而言有怎样的价值和意义？
- 公司对这个项目的期待是什么？有哪些明确的目标？

Reflect 反思现状

- 项目组成员对项目目标的理解是怎样的？是否一致？
- 对于这个项目，团队具备哪些优势和资源？

- 项目组想要实现目标面临的推动力和阻碍力分别是什么？
- 其中哪些因素的影响更强或更弱？

Explore 探索新机

- 如何攻克最大的几个阻碍力？
- 如何强化最弱的几个推动力？
- 如何最大化发挥我们的优势和资源？

Assimilate 整合策略

- 项目的计划和里程碑应该怎样安排？
- 关键的时间节点和输出成果要如何定义？

Transform 转化行动

- 项目组成员的工作计划是怎样的？
- 为了更好地协同，我们应该建立哪些项目约束机制？

共创会设计概述

为了提升项目组成员的参与性，促进共识，郑智召集项目组成员召开了以"阳光集采项目启动"为主题的共创会，设计思路如下：

人数	20 人	时长	3.5 小时
3H 目标设定			
Heart 树立什么信念	这个项目对于公司而言有重大的战略意义，我们必须齐心协力确保其成功		
Head 坚定哪些想法	项目的目标和成果、获取支持的策略、克服阻力的方法、项目里程碑节点及交付成果		
Hand 执行哪些行动	具体的项目实施计划、项目组的协同约束机制		
结构化思维 及引导工具	力场分析、4W1H、SMART 目标设定原则、爆米花、漫游挂图、力场分析、谈话球、同类整理、头脑风暴		

O-GREAT-E 共创会全景流程

场景1 项目协作

流程	议题和时间	关键步骤和产出	引导工具
Open 开场联结	入场调查 10分钟	问题：关于即将启动的项目，你想知道什么？ 大家在便利贴上书写，贴在入场调查的白板纸上即可	谈话球
Get 汲取信息	项目澄清 20分钟	**背景介绍** 　　大家围圈而坐，引导师将入场调查收集的所有问题都张贴出来。涉及项目背景的内容，由项目负责人、项目组内的相关角色先介绍和澄清。 　　遇到当下还不明确的问题，如"进度计划是怎样的""除了我们还有谁能参与支持"等，后续再讨论	爆米花
	目标设定 30分钟	随机分4~5组，分组研讨——我们将通过这个项目实现哪些目标？采用SMART目标设定原则陈述目标。 　　每组产出3~5个目标，集体汇报、整理、形成共识	同类整理
Reflect 反思现状	推动力和阻碍力 30分钟	**发散研讨** 　　问题：基于项目的背景和目标，大家认为当下存在哪些推动因素和阻碍因素？ 　　随机将大家分成两大组，一组讨论推动因素，另一组讨论阻碍因素	力场分析

（续）

流程	议题和时间	关键步骤和产出	引导工具
Reflect 反思现状	推动力和阻碍力 30分钟	**强度评估** 每人拥有10票，分别在力场两侧进行投票。根据自己对所有因素的强、弱程度判断来打分。根据每个因素的得票多少进行同比例的线段转换	力场分析
Explore 探索新机	应对策略 40分钟	将得票比较集中的最强阻碍因素和最弱推动因素单独出来，写在不同的白板纸上，分散贴在会场四周；大家在不同的因素前浏览、思考并留贴；分小组整理、归纳所有策略，形成共识	漫游挂图
Assimilate 整合策略	里程碑分解 15分钟	将上一轮得出的策略按照项目的截止日期倒推，以周为单位，梳理成时间里程碑	头脑风暴
Transform 转化行动	计划落实 30分钟	以职能小组为单位，根据上一轮产出的里程碑节点，分解本小组的项目计划	4W1H
Ending 总结承诺	协同承诺 20分钟	围圈而坐，接力发言，一人一句；为了保证项目交付的进度和质量，我们应该设立的协作承诺是……	谈话球

场景2 冲突处理

阳光集采系统项目组的工作正在如火如荼地开展，但是郑智发现最近项目组的氛围似乎出了点问题。例会上，除了正常的进度通报，大家似乎不愿意多说什么。遇到一个细节问题，刚开始运营部和商务部的伙伴会争论几番，没有达成共识后，干脆都闭口不言。其他部门的伙伴也不愿意多说，只领自己的活。但下次再沟通进度时，发现大家在目标上没有形成共识，都只按照自己的理解在推进。郑智后来了解到这是因为商务部和运营部之间有一些分歧，进而又连带IT、市场等部门对商务部都有些不满。

团队可能面临的挑战

- 从对某个问题的意见分歧扩大成对彼此工作能力和合作态度的怀疑。
- 放任小范围的冲突不解决，导致整个项目组士气低下。
- 激烈的冲突有可能演变为公开的争吵和对抗。
- 非暴力的冲突有可能演变为私下的对立和不合作。
- 因为冲突和分歧导致大家对项目的理解偏差逐渐加大，进而影响项目进展。

管理者的 GREAT 思考问题单

为了更好地发挥每个伙伴的优势，让团队形成合力，郑智可以带着以下问题去思考和探索。

Get 汲取信息

- 目前，在项目组里有哪些不和谐的声音和现象？
- 大家对现在的分歧冲突分别持怎样的态度？
- 目前团队是如何应对冲突的？

Reflect 反思现状

- 是什么原因导致了这些分歧与不合？
- 哪些是信息差问题？
- 哪些是定位和角色的局限问题？
- 哪些是机制问题？
- 哪些是个体的问题？

Explore 探索新机

- 有哪些信息需要解释或者澄清？谁可以负责解释和澄清？

- 哪些与项目有关的机制、政策需要统一认知？要如何统一认知？
- 大家对彼此在项目中的定位和价值是怎么理解的？
- 因为个人经验和价值观局限造成的分歧，要如何弥合？

Assimilate 整合策略

- 在分歧和冲突的背后，我们各自有着怎样的正向意图和期待？
- 以后再遇到分歧或冲突时，我们可以怎样应对？

Transform 转化行动

- 除了解决当下的分歧和冲突外，我们还可以建立哪些长期的团队守则？

共创会设计概述

为了化解分歧，郑智决定要当面解决。他召集项目组成员召开了一场以"正视分歧，促进协作"为主题的共创会，设计思路如下：

人数	20 人	时长	3.5 小时
3H 目标设定			
Heart 树立什么信念	正视分歧和冲突，积极沟通可以化解大部分问题		
Head 坚定哪些想法	造成分歧的原因有很多，不同的分歧可以用不同的方式去解决，大部分分歧都可以通过对话来解决，提前约定团队守则有助于更好地协作		
Hand 执行哪些行动	团队协作的守则和公约		
结构化思维及引导工具	分歧来源模型、刻度衡量、同类整理、秘密盒子、爆米花、谈话球、对话		

引导式管理：
打造持续成长型团队

O-GREAT-E 共创会全景流程

场景2 冲突处理共创会

流程	议题和时间	关键步骤和产出	引导工具
Open 开场联结	入场调查 10分钟	请根据自己当前的感受对项目内的关系质量进行评估，1分代表充满分歧和冲突，10分代表和谐顺畅	刻度衡量
Get 汲取信息	暴露问题 20分钟	问题：在目前的项目中，有哪些让你感觉不和谐、不顺畅的现象？ 个人思考并书写卡片，扔到秘密盒子里；引导师摇晃盒子，每人随机抽取一张，并念出分享卡片上的内容	秘密盒子
Reflect 反思现状	反思分歧来源 30分钟	根据分歧冲突来源的理论，将上一轮大家反馈的问题分别归纳到"信息阻碍、环境阻碍、关系阻碍和个人阻碍"四大维度上	同类整理
Explore 探索新机	解释澄清 60分钟	**信息阻碍** 　　对于因为信息不对等造成的问题，信息拥有者进行澄清、解释、答疑； **环境阻碍** 　　对于因为政策、机制、潜在文化等原因造成的问题，对现行的政策机制等公开说明，并邀请大家献计献策，探索更好的机制； **关系阻碍** 　　对于因为部门定位、职责、"亚文化"的差异造成的问题，各职能小组澄清解释；	对话

（续）

流程	议题和时间	关键步骤和产出	引导工具
Explore 探索新机	解释澄清 60 分钟	**个人阻碍** 对于因为价值观不同而导致的阻碍，不同价值观的代表进行澄清解释不同言行背后的正向诉求	对话
Assimilate 整合策略	再看分歧 20 分钟	问题：未来，我们在项目中再遇到分歧、矛盾或者意见不合，大家认为应该如何处理和应对？	爆米花
Transform 转化行动	重塑守则 30 分钟	**团队守则** 为了确保项目的目标达成，提升大家的协同效率，我们需要重申或新建哪些守则？如，有话当面讲等	同类整理
Ending 总结承诺	收获感悟 20 分钟	在今天的共创会中，我有哪些收获或感悟？	谈话球

场景 3 知己知彼

张旭的平台商务部已经成立近一年了。在成立之初，他曾花了一些精力去促进新人和老人的融合，大家目前在工作配合、任务衔接上基本顺畅。彼此都清楚各自的经验优势，能在工作上取长补短。但是每个人的性格和行事风格不同，有的人快言快语，有的人谨言慎行，难免在日常协作上会有些不愉快。上周团建的时候，因为爬山的问题，现场发生了纷争。有的人想一口气爬到山顶，纵览风光；有的人想慢慢爬，欣赏沿途风景。这周开例会时，张旭明显感觉到团队内部似乎有几个小团体，谈到一些业务问题时，关系好的人会互相搭台、帮腔。张旭认为这是因为相处时间不长，彼此之间了解不足。他不希望这个问题影响大家的工作，他觉得有必要促进大家进行深度接触。为此，他先为团队的成员做了一次 PDP 性格测试，并借助性格测试结果让成员更好地了解对方。

团队可能面临的挑战

- 个性不同的伙伴之间互相"看不惯",进而影响工作层面的协同。
- 因为行事风格不同,又难以互相说服,在工作层面各自按照自己的"理解"来。
- 逐渐形成小团体,各自抱团,互相排斥。

管理者的 GREAT 思考问题单

作为团队负责人,为了更好地促进伙伴之间的了解和协作,张旭可以带着以下问题去思考和探索。

Get 汲取信息

- 每个团队成员的性格特质和行事风格是怎样的?
- 团队整体的特质分布和倾向是什么?
- 团队中哪类特质居多?哪类特质偏少?

Reflect 反思现状

- 为什么我们会排斥与自己个性不同的伙伴?
- 不同个性的伙伴在一起会带来哪些优势?会产生哪些挑战?
- 当前团队中的哪些不和谐仅是由于个性或风格不同造成的?
- 如何促进大家去理解、尊重和珍视拥有不同特点的伙伴?

Explore 探索新机

- 如何与支配型的伙伴共事?他们喜欢怎样的沟通方式?他们更擅长什么类型的工作?什么对他们更有激励性?
- 如何与表达型的伙伴共事?他们喜欢怎样的沟通方式?他们更擅长什么类型的工作?什么对他们更有激励性?
- 如何与耐心型的伙伴共事?他们喜欢怎样的沟通方式?他们更擅长什么类型的工作?什么对他们更有激励性?

- 如何与精确型的伙伴共事？他们喜欢怎样的沟通方式？他们更擅长什么类型的工作？什么对他们更有激励性？
- 如何与整合型的伙伴共事？他们喜欢怎样的沟通方式？他们更擅长什么类型的工作？什么对他们更有激励性？

Assimilate 整合策略

- 如何避免不和谐的事件再次发生？
- 如果再次发生同样的情况，我们应该如何做得更好？
- 作为团队负责人，我应该做些什么？起到什么作用？

Transform 转化行动

- 作为团队负责人，我以后应该做出哪些调整和改变？
- 团队伙伴未来需要做出哪些调整和改变？
- 我们团队需要增强或补充的特质是什么？

共创会设计概述

为了帮助团队伙伴认识当下存在的问题，促进大家对彼此差异的理解和接纳，张旭决定和大家一起开展一场以"知己知彼，通力协作"为主题的共创会，设计思路如下：

人数	15 人	时长	3 小时
3H 目标设定			
Heart 树立什么信念	每个人都是独特的存在，多元化的团队才能够创造更多的奇迹		
Head 坚定哪些想法	自己是什么特质、团队伙伴是什么特质、如何与不同个性的伙伴共事		
Hand 执行哪些行动	团队以及每个人在未来需要做出的行动改变		
结构化思维及引导工具	PDP 性格测试、入/离场调查、秘密盒子、漫游挂图等		

O-GREAT-E 共创会全景流程

场景3 知己知彼共创会

流程	议题和时间	关键步骤和产出	引导工具
Open 开场联结	猜猜你是谁 10分钟	在会场的墙面上贴上老虎、猫头鹰、考拉和孔雀四种动物图形,图形下简单备注,如老虎是"支配型——行动快、关注事"。邀请大家在不打开自己报告的情况下,先评估自己是哪种特质	入场调查
Get 汲取信息	团队风格解读 30分钟	邀请大家打开个人报告,了解自己的测评结果,并且根据报告的解读说明,掌握不同个性特质的基本特点;逐个发言,向团队公开自己的特质。先请大家猜一猜他是什么风格,然后让本人揭晓。团队特质公示:引导师将团队的整体特质张贴出来	谈话球
Reflect 反思现状	你我大不同 20分钟	问题:为什么在我们相处的过程中会有差异和不同?你此刻有什么洞察?	爆米花
Explore 探索新机	如何与拥有不同特质的伙伴共事 40分钟	问题:如何与拥有不同特质的人共事?将四种特质分别写在不同的白板纸上,张贴在会场四周。大家自由浏览、思考和留贴。分四个小组进行整理、归纳,并向全体汇报,形成共识	漫游挂图

(续)

流程	议题和时间	关键步骤和产出	引导工具
Assimilate 整合策略	场景重现 30 分钟	选定 3 个典型场景（前期在团队中出现的情况，如爬山的分歧、开会抱团等），邀请大家研讨"如果未来再次发生这样的情况，我们还可以怎么做？"	头脑风暴
Transform 转化行动	重新出发 30 分钟	问题：对于我们这个团队而言，为了更好地协作，我们需要做出哪些调整和改变？ 全体随机分 4 组，每组产出 5~8 张卡片；集体澄清、整理并形成共识	同类整理
Ending 总结承诺	感恩遇见你 20 分钟	邀请每个人分享"今天，刷新了我对哪些伙伴的认识和理解"； 每人写一张卡片，扔到秘密盒子里，不强制署名，随后随机从盒子里抽取一张念出来。 为了增强信任和联结，如果卡片的主人愿意公开身份，可以请他主动站出来去拥抱被他重新认识的伙伴	秘密盒子

场景 4　跨部门协同

凯森慧智独立运营已经 3 年了，基本完成了从线下销售模式向数字化平台模式的转型。母公司凯森集团已经决定要将集团的主要资源和阵地都转移到凯森慧智，逐步缩小线下模式的占比。但是，凯森慧智在 3 年的时间里经历了业绩、人员和规模的快速增长，组织结构也日渐庞大。从原来的职能式变成了事业部式，每个事业部都实现了几个核心职能部门的小闭环。随着规模的扩张和团队成员的更替，跨部门协作变得越来越困难。大家都反映"部门墙"很厚，各部门只关注自己的 KPI（关键绩效指标），对于其他部门的需求基本都是"不拒绝不合作"的态度。

下半年公司即将开辟国外市场，迈出"出海"发展的第一步。这是一个需要各事业部通力协作的战略级事件，它的成败也将直接决定公司能否抢占先机进入新的赛道。因此，郑智决定抓住"出海"的战略契机，促进各部门联结，提升整个组织的跨部门协作能力。

团队可能面临的挑战

- 由于缺少交流和接触，造成部门间关系的疏远和信任缺失。
- 因为更专注于自己团队的 KPI，无暇对其他团队的需求负责。
- 因为关系疏远，所以也不愿意发生冲突，刻意营造一种表面的和谐。
- 对于不得不合作的事情，仅限于对自己的"一亩三分地"负责，缺少对全局的关注和对其他部门工作的监督和反馈。
- 如果在工作中看到了一些可能影响结果的事情，大家不愿意挑明，事不关己。
- 涉及奖惩或者利益分配等事项，会更关注自己的付出和回报，忽略其他人的成绩和贡献。

管理者的 GREAT 思考问题单

为了更好地发挥每个伙伴的优势，让团队形成合力，郑智可以带着以下问题去思考和探索。

Get 汲取信息

- 大家对于当前的团队关系的感受如何？
- 怎样的团队关系更有助于未来的工作？
- 应该从哪些角度去评价和改善团队的协作性？

Reflect 反思现状

- 目前存在哪些团队协作方面的障碍？
- 为什么会出现这些障碍？深层原因是什么？

Explore 探索新机

- 如何促进伙伴之间的了解和信任？
- 如何促使大家把问题公开，并积极面对和处理？
- 如何建立共同的目标？让各个小团队的目标向大目标靠拢？
- 如何让大家勇于主动承担责任，为共同的目标做出贡献？
- 如何让大家了解整体的工作进程，共同关注目标的达成情况？

Assimilate 整合策略

- 符合各部门共同的利益和诉求的合作方式是什么？
- 跨部门团队可以共享的沟通、监督、反馈和约束机制是怎样的？

Transform 转化行动

- 在即将启动的"出海"项目中，大家应该如何配合？
- 我们可以制定怎样的目标和计划，从而确保项目的完成？

共创会设计概述

借着"出海"项目启动的契机，郑智邀请核心管理团队开展一场以"提升跨部门协同力"为主题的共创会，设计思路如下：

人数	25 人	时长	6 小时
3H 目标设定			
Heart 树立什么信念	解决跨部门协作最需要的是勇气，当我们拥有信任、监督、指正的勇气后，障碍终会被跨越		
Head 坚定哪些想法	每个人都有优势，多沟通可以化解大部分的分歧，实现团队的大目标是每个部门生存的基础，互相承诺、监督和反馈更有利于达成团队成果		
Hand 执行哪些行动	某个具体跨部门项目的行动计划、团队协作的守则和公约等		
结构化思维 及引导工具	团队协作的五大障碍、TKI、SMART 目标设定原则、刻度衡量、鸡尾酒会、书写式头脑风暴、漫游挂图、爆米花、隐喻、头脑风暴		

引导式管理：
打造持续成长型团队

O-GREAT-E 共创会全景流程

场景4 跨部门协同

流程	议题和时间	关键步骤和产出	引导工具
Open 开场联结	破冰 10分钟	根据每个人的出生地、求学地和工作地分别站位（地面提前固定中国版图的几个边界位置），寻找彼此轨迹的相同和不同	热力地图
Get 汲取信息	问卷调查 40分钟	给每个成员分发调研问卷，各自根据实际情况进行评估； 在墙上贴出放大的问卷海报，邀请大家将自己的打分情况贴到相应的分值位置； 分享团队评估结果，并输入"团队协作的五大障碍"基础知识：缺乏信任、惧怕冲突、欠缺承诺、逃避责任、忽视结果	刻度衡量
Reflect 反思现状	痛点和挑战 30分钟	邀请大家分享目前在团队协作中感受到的痛点和挑战，描述具体的现象和行为表现； 将五大障碍分别写在五张白板纸上，张贴在会场四周的墙上，大家自由浏览、思考、留贴； 分组整理归纳，并集体汇报，形成共识	漫游挂图

（续）

流程	议题和时间	关键步骤和产出	引导工具
Explore 探索新机	建立信任 40分钟	**童年时期的趣事分享** 　　两两结对（最好是随机抽取），分享童年时期有意思的经历； **PDP性格测试解读** 　　对前期的测评结果做视觉化展示，呈现团队的个性分布； 　　邀请大家在场内找三个不同的伙伴重新介绍自己	鸡尾酒会
	正视冲突 40分钟	**个人冲突应对风格TKI测评** 　　现场做问卷测评并公开呈现团队整体的测评结果； **团队内的冲突现象研讨** 　　根据TKI的原理，对在之前"痛点和挑战"环节中提及的"惧怕冲突"的现象进行研讨，找出应对的策略和机制	头脑风暴
	获取承诺 40分钟	**获取承诺的知识输入** 　　有助于促动承诺的四个共同——共同决策、共同信息、共同激励、共同能力。 **确定各职能部门的交付成果** 　　对在之前"痛点和挑战"环节中提及的"欠缺承诺"的现象进行研讨，找出应对策略和机制	头脑风暴
	承担责任 40分钟	**承担责任的知识输入** 　　三类负责——对我的事负责、对你的事负责、对我们的事负责。 **承担责任** 　　对在之前"痛点和挑战"环节中提及的"逃避责任"的现象进行研讨，找出应对策略和机制	头脑风暴
	关注结果 40分钟	**关注结果的知识输入** 　　两种方法——关注过程和公示机制。 **关注结果** 　　对在之前"痛点和挑战"环节中提及的"忽视结果"的现象进行研讨，找出应对策略和机制	书写式 头脑风暴

（续）

流程	议题和时间	关键步骤和产出	引导工具
Assimilate 整合策略	再谈协同 15 分钟	问题：未来在我们的合作中，如果再出现各种不和谐的声音，我们可以怎样看待和应对？	爆米花
Transform 转化行动	新项目行动计划 40 分钟	以即将启动的"出海"项目为背景，随机分 3~4 组，分组研讨； 我们可以实现的项目目标有哪些？采用 SMART 目标设定原则陈述； 以职能部门为单位，依据自己的目标分解"出海"项目； 共识过程管理和数据通晒等管控机制	头脑风暴
Ending 总结承诺	愿景展望 20 分钟	随机分 3~4 组，分组采用手绘海报的方式勾勒和描绘理想中的团队，是怎样一幅画面？ 分组展示并分享	隐喻

第 11 章
业务进化

凯森慧智的电商业务发展顺利，已经成为凯森集团最具潜力的业务板块。公司业绩增长有序、市场口碑良好、组织管理架构完备、人才梯队健全。对内，各部门之间建立了良好的信任基础，合作越来越顺畅。对外，凯森慧智与客户和生态伙伴之间的合作也越来越紧密。但是，优秀的管理者不会就此停下，因为他们知道如果这个时候不进行创新和变革，就如逆水行舟，不进则退。

首先要做的是经验萃取，将团队通过长期实践验证过的优秀方法，总结提炼成可以传播的知识财富；将某个专家高手的独家窍门变成更多人可以复制的方法；将单点的最佳实践串联成一个宏大的经验图谱；将无意识的动作变成有意识的流程……这会提升整个团队的工作水平。

其次是产品和服务的创新，优秀的企业总是在第一曲线尚处在巅峰时，就布局第二曲线的新产品。创新能力直接决定了一个企业是不是能够长期保持活力。大部分的企业创新意愿很强，但缺少有效的创新方法。更多时候，创新是靠偶然的契机促成，或者某个人的灵光乍现。但只有团队成员可以共享创新路径，才能够为组织带来稳定持续的创新成果。

当然，业务进化的路上不但需要产品的创新和改进，还要进行大刀阔斧的变革转型。在这个过程中团队伙伴对变革的拥抱程度可能不一致，对变革过程中可能出现的挑战和困难准备不足，甚至有可能出现抵触变革、不愿走出舒适区的情况。管理者需要准备充分以应对变革转型期，带领伙伴们跨越特殊时期，迎来新的篇章。

到了一定的发展阶段，仅在现有的产品和服务上进行创新已经不能确保企业迎合新时代的发展需要。企业有可能需要进行颠覆性的业务创新，找到一种全新的商业模式。既要延续组织既有的优势和基因，又要抓住时代的机遇，开辟全新的业务。

场景 1　最佳实践萃取

随着凯森慧智的业务不断发展，李畅所带领的运营部也日益走向专业和成熟，这几年还培养了一批经验丰富的骨干员工。伴随着公司业务的不断扩张，运营部也陆续迎来不少新人，他们对于团队的工作流程和方法缺少了解。为了更好地培养和赋能新员工，运营部需要对一些典型场景中的工作方法进行最佳实践萃取。李畅决定召集团队里 15 名经验丰富的骨干员工，举行一次最佳实践萃取的共创会。

团队可能面临的挑战

- 优秀的骨干员工可能因为担心"被替代"而缺乏贡献的积极性。
- 优秀员工更善于实操，但不具备萃取和提炼的能力。
- 经验都是散落的珍珠，没有围绕某项工作串联成完整的经验图谱。
- 萃取的经验停留在流程上，没有突出关键要点和误区。
- 萃取的经验从场景到方法都偏重个案，缺乏共性和普适性。
- 萃取的经验过多强调大道理，配套的支持性工具不足。

管理者的 GREAT 思考问题单

在研究和总结最佳实践的过程中,李畅和他的团队伙伴可以带着以下问题去思考和探索。

Get 汲取信息

- 完成这项工作的主要任务步骤有哪些?
- 对于缺乏经验的人而言,在哪些情况下最容易出错?
- 比较常见的痛点、挑战都有哪些?

Reflect 反思现状

- 让新手犯难的原因是什么?
- 造成错误的根本原因是什么?
- 有哪些不为人知的隐秘细节?

Explore 探索新机

- 针对容易出错的步骤和场景,有哪些应对方法?
- 除了方法,有哪些工具、表单可以帮助大家更好地复制和应用?

Assimilate 整合策略

- 如何演绎、呈现才能将这套好方法变得简单、易理解?
- 这套方法背后是否蕴含了足够的独到性,令人感到惊喜?

Transform 转化行动

- 以怎样的形式和载体去传播更有效?
- 如何让更多的人快速掌握并上手?

共创会设计概述

为了促进团队内优秀经验的流动和传承,李畅邀请了各岗位上的专家高手,一起召开了以"最佳实践萃取"为主题的共创会,设计思路如下:

人数	15 人	时长	5.5 小时
3H 目标设定			
Heart 树立什么信念	在实践中积累的优秀经验既是企业的宝贵财富，又是个人专业能力的有力背书		
Head 坚定哪些想法	有效的经验必须植根于典型的场景、直击根因和痛点的方法才是有价值的、简单有套路的最佳实践更容易被复制、提供工具比解释方法更直接有效		
Hand 执行哪些行动	围绕某项工作的典型场景的最佳实践，包括操作流程、方法窍门、工具案例等		
结构化思维及引导工具	SCMT 最佳实践萃取法、STEP 场景公式、头脑风暴、漫游挂图、世界咖啡等		

O-GREAT-E 共创会全景流程

场景 1 最佳实践萃取

流程	议题和时间	关键步骤和产出	引导工具
Open 开场联结	经验分享 10 分钟	围圈而坐，扔球发言；发言内容：运营工作的独家秘诀是……	谈话球
Get 汲取信息	任务全景扫描 40 分钟	问题：完成这项工作有哪些关键任务/步骤？分组研讨，每组输出 5~8 张卡片；集体进行同类整理，形成共识	同类整理

（续）

流程	议题和时间	关键步骤和产出	引导工具
Get 汲取信息	场景锚定 50分钟	问题：在每个关键任务/步骤下，有哪些典型的场景和痛点？ 可以参考STEP场景公式来描述场景（特定的时间、空间、人群、事件均可以作为典型场景）； 将上一轮得出的几个关键任务/步骤分别写在白板纸上，张贴在会场四周的墙面上； 大家先自由浏览、留言，再分组归纳，形成共识	漫游挂图
Reflect 反思现状	痛点分析 50分钟	问题：造成痛点的底层根因是什么？ 根据上一轮产出的场景痛点数量，将所有人平均分成对应数量的小组，尽量不少于三人一组； 小组采用Why-Why-Why的方式进行根因深挖； 全体汇报、分享、补充，形成共识	头脑风暴
Explore 探索新机	妙招拆解 60分钟	问题：针对性的萃取妙招和应对策略是什么？ 延续上一轮的分组，继续对小组所认领的场景痛点进行研讨，共创最佳的应对方案（曾经用过且被验证是有效的）； 全体汇报、分享、补充，形成共识	世界咖啡
Explore 探索新机	工具沉淀 30分钟	问题：匹配辅助工具是什么？ 延续上一轮的分组，继续对小组所产出的应对方案提炼工具，包括但不限于：参考话术、表单模板、嵌套公式、可选菜单等； 全体汇报、分享、补充，形成共识	世界咖啡
Assimilate 整合策略	知识建模 30分钟	任务：对已经萃取的经验进行结构化梳理和呈现； 延续上一轮的分组，选用合适的模型对小组所负责萃取的最佳实践进行结构化的演绎和呈现，尽量用简单直观的方式	头脑风暴

（续）

流程	议题和时间	关键步骤和产出	引导工具
Transform 转化行动	输出成稿 50分钟	**绘制成稿** 小组采用一张图看懂……的方式对前面所萃取的场景、痛点、妙招和工具进行包装输出。可以采用手绘的白板纸，也可以制作成PPT，配上文字注释	视觉手绘
Ending 总结承诺	传播计划 10分钟	围圈分享，一人一句； 分享内容：我会在未来推广和传播这个最佳实践方面做出什么贡献？	谈话球

场景2 产品创新

凯森慧智成立3年多以来，顺利地实现了从传统线下销售向线上平台化模式的转型，市场占有率、客户黏性和销售业绩均趋于稳定。但是，随着数字化进程的加快和新技术、新模式的涌现，客户的需求也在发生变化。凯森慧智的总经理郑智意识到是时候进行产品创新、布局第二曲线了。正如当年靠着团队的力量顺利实现数字化转型一样，现在新产品、新服务的研发也需要大家的参与。

团队可能面临的挑战

- 现有业务发展正盛，回报良好，大家缺乏创新的紧迫意识和动力。
- 局限在自己的习惯性认知里，对客户的行为和需求没有深入的洞察和剖析。
- 抄袭或者复制行业内已经涌现的产品和服务，没有对自身的独特优势进行挖掘。
- 产生的新创意没有颠覆性，只是在原有基础上做变形或加强。

管理者的 GREAT 思考问题单

作为公司的一把手,郑智有相当一部分精力是放在创新管理上的。面对创新,他习惯带着以下问题去思考和探索。

Get 汲取信息

- 我们创新的目标和原则是什么?
- 现在行业内有哪些新兴的产品或服务模式?
- 我们现在有哪些产品?这些产品的市场占有率和增长率如何?

Reflect 反思现状

- 客户还有哪些未被满足的需求?
- 我们的优势和特点是什么?
- 新的产品在我们的产品矩阵中应该起到什么作用?

Explore 探索新机

- 我们可以推出的创新产品或服务有哪些?
- 这些创新是否有颠覆性和创造性?
- 要如何体现它与行业内已有产品的差异?

Assimilate 整合策略

- 从我们的优势来看,哪类创新产品最有可能成功?
- 从客户的视角来看,哪类创新产品更有吸引力?
- 从行业的视角来看,哪类创新产品更有竞争力?

Transform 转化行动

- 如何向客户展示我们的新产品和服务?
- 如何用几个关键词突出新产品和服务的特点和优势?
- 新产品或服务的推广从哪里开始做?按怎样的策略进行?

共创会设计概述

郑智深知创新绝不是他一个人的事情，团队的力量会带来更加蓬勃的创新生机。他利用半年工作总结会的机会，带领核心管理层举行了一场以"产品和服务创新"为主题的共创会，设计思路如下：

人数	20人	时长	4.5小时
3H 目标设定			
Heart 树立什么信念	客户还有很多需求没有被满足，在创新的路上我们大有可为！		
Head 坚定哪些想法	梳理客户与我们有哪些接触点、明确尚未被满足的需求、市场上主流的产品或服务、可以深挖的蓝海市场、备选的创新策略和提案等		
Hand 执行哪些行动	创新提案的原型展示、对外宣传创新提案的亮点和关键词		
结构化思维 及引导工具	用户旅程地图、SCAMPER创新思维、波士顿矩阵、头脑风暴、世界咖啡等		

O-GREAT-E 共创会全景流程

场景2 产品创新

240

（续）

流程	议题和时间	关键步骤和产出	引导工具
Open 开场联结	"脑洞"大开 10分钟	问题：一双筷子除了吃饭，还可以做什么？	爆米花
Get 汲取信息	识别客户需求 50分钟	按照客户"有需求—检索产品—产生购买—使用—售后"等全生命周期中各阶段的接触点、痛点、机会点的框架进行剖析，找出客户的需求； 将全体伙伴分成几组，每组负责全生命周期中的某个环节的研讨	头脑风暴
Reflect 反思现状	现有产品盘点 30分钟	按照波士顿矩阵的框架，逐个识别现有产品体系中的"金牛产品、瘦狗产品、明星产品和问题产品"的框架，对现有产品进行反思和梳理； 集体研讨、识别，尤其是对"瘦狗产品和问题产品"多做分析，思考问题所在	头脑风暴
Explore 探索新机	产品创新 80分钟	邀请大家立足未被满足的客户需求，研讨如何对"瘦狗产品"和"问题产品"进行升级、迭代； 可以参考SCAMPER创新思维模型的7个创新维度，分成7个小组，分别负责其中的一个创新维度。按照世界咖啡的形式多进行几轮交互	世界咖啡
Assimilate 整合策略	筛选提案 20分钟	投票筛选出大家认为最有市场前景的创新提案	投票筛选
Transform 转化行动	搭建原型 50分钟	邀请各个小组采用创意海报的形式介绍新的产品/服务，包括但不限于：功能、亮点特色、适合的用户群等	视觉手绘
Ending 总结承诺	一句话简评 20分钟	所有伙伴围圈而坐，接龙分享"客户在体验到我们的新产品/服务后会说什么？"	谈话球

场景3 变革转型

自凯森进行平台化转型后，郭斌带领的IT部门承担了整个平台系统的规划和开发工作。但由于之前的 IT 部门缺乏足够的研发能力，所以一直以来 IT 部门的定位就是以产品规划和项目管理为导向，绝大部分的需求是靠外部供应商开发实现的。IT 部门的伙伴更多是对内承接需求，对外输出需求文档、跟进管理开发过程等。但是去年年底，随着公司的业务不断扩张，显现出规模化效应。因而，公司希望 IT 部门转型为真正意义上的研发中心，从外包开发转为自主研发。为此，去年年底还做了组织结构升级，但两个月过去了，团队的伙伴们迟迟没有实质行动，还有很多管理者处于观望或等待指令的状态。郭斌是这场变革的倡导者之一，也是他主动向董事会提出的转型建议。虽然他对未来充满信心，但他觉得必须要先统一大家的思想，让团队意识到转型的必然性，并且激发大家主动思考转型的步骤和策略。

团队可能面临的挑战

- 团队伙伴不愿意改变原有的工作模式，更不愿意主动走出舒适区。
- 团队从组织能力到人才储备都不足以承担新的任务。
- 大家认为变革转型是高层的事情，等着领导安排好一切。
- 团队伙伴对新的模式没有信心，甚至抱怨连天。
- 变革转型伊始，需要从头开始做的事情非常多，无从下手。

管理者的 GREAT 思考问题单

这已经是 IT 部门经历的第二次变革转型了，相比之前的工作内容扩展，这次的转型会影响到一些内部伙伴的既有利益，甚至可能会有岗位被裁撤或者转岗。为了更好地实现这次转型，郭斌可以带着以下问题去思考和探索。

Get 汲取信息

- 团队成员对于变革的准备度如何？

- 大家的信心来源是什么?
- 大家有哪些顾虑和存疑?
- 相关利益方(公司高层/客户/合作伙伴/用户/行业协会)对我们有哪些期待?

Reflect 反思现状

- 我们现有的模式有哪些优势?这些优势是建立在什么前提下?让我们拥有这些优势的前提条件在未来有哪些会发生怎样的变化(增强/减弱/不变)?
- 我们现有的模式有哪些瓶颈?是什么造成了这些瓶颈?造成瓶颈的影响因素在未来会发生哪些变化(增强/减弱/不变)?

Explore 探索新机

- 在通往变革的路上,我们面临的机会是什么?我们面临的阻碍是什么?
- 变革成功后,我们的团队将会怎样?
- 变革转型应该达成怎样的目标?
- 实现转型的战略路径是怎样的?

Assimilate 整合策略

- 为了稳步实现转型,我们接下来有哪些重点工作要做?优先级是怎样的?
- 如果转型成功,回看今天,我们做对了哪些关键动作?
- 如果转型失败,回看今天,可能是因为我们没做什么?

Transform 转化行动

- 具体进行转型的工作计划应该是怎样的?各部门如何分工和配合?
- 管理者在变革中扮演怎样的角色?发挥什么样的作用?
- 团队成员在这个过程中应该展现怎样的状态?做出哪些改变?

共创会设计概述

为了提升大家对这次变革转型的认识,统一大家的思想,郭斌决定带领各部门经理以及核心骨干开展一场以"变革转型"为主题的共创会,设计思路如下:

人数	20人	时长	5.5小时
3H 目标设定			
Heart 树立什么信念	变革转型势在必行,前景令人振奋,我们要立刻投身进去		
Head 坚定哪些想法	未来的机会和挑战、过去的优势和劣势、未来3年的目标和方向、关键的行动路径		
Hand 执行哪些行动	未来3个月至半年的具体行动计划、每个部门和个体要做出的改变		
结构化思维 及引导工具	变革八步法、SMART目标设定原则、管理变革中的六种角色、同类整理、漫游挂图、头脑风暴等		

O-GREAT-E 共创会全景流程

场景3 变革转型

流程	议题和时间	关键步骤和产出	引导工具
Open 开场联结	评估转型 准备度 10分钟	邀请大家用1~10分来评估"我们的团队是否做了转型的准备?"(包括但不限于组织能力、组织文化、个体意识、个体能力等)	刻度衡量

（续）

流程	议题和时间	关键步骤和产出	引导工具
Open 开场联结	高管寄语 10 分钟	邀请公司高管分享公司对转型的期待，鼓励大家开放、坦诚、充分地表达，为转型奠定坚实的基础	/
Get 汲取信息	公开担忧和顾虑 20 分钟	每个人将自己对这次转型的担忧或者存疑写在卡纸上，扔进秘密盒子里。摇晃后，每人重新抽取并念出来	秘密盒子
	识别利益方期待 40 分钟	问题：在这次变革转型中，相关利益方（如客户、公司高层、生态伙伴……）对我们有怎样的期待？ 随机分成4组，每组分别产出5~8张卡片；集体分享、归类，形成共识	同类整理
Reflect 反思现状	分析变革矩阵 90 分钟	**未来 – 机会** 促使我们做出转型的驱动因素是什么？ 包括但不限于内、外部利益方尚未被满足的需求、高层的期待、新技术或大环境带来的趋势机会等	漫游挂图
		过去 – 机会 我们可以从过去带到未来的优势是什么？ 包括但不限于现有团队的业务沉淀、人员能力、资源关系等	
		过去 – 挑战 应该摒弃或者改变的劣势或者旧习是什么？ 包括但不限于组织架构、人员能力、对外交付流程、对内协同分工等方面的掣肘	
		未来 – 挑战 在未来有哪些要攻克的难关？ 包括但不限于组织、文化、人才能力、资源获取、基础夯实等方面的挑战和障碍	
Explore 探索新机	勾勒成功画面 20 分钟	转型成功后，我们的团队会是怎样的？	爆米花
	确定中长期目标 30 分钟	我们的团队在未来 1~3 年的战略目标是什么？符合 SMART 目标设定原则。 分组研讨，集体汇报和形成共识	头脑风暴

(续)

流程	议题和时间	关键步骤和产出	引导工具
Assimilate 整合策略	锚定关键路径 40分钟	想要实现上述愿景和目标，接下来的关键路径是什么？明确做什么、什么时间完成、输出物、负责部门	头脑风暴
Transform 转化行动	分解行动计划 40分钟	以职能小组（如研发组、测试组等）为单位，根据上一轮产出的关键路径分解本小组至少3个月内的工作计划	头脑风暴
Ending 总结承诺	角色担当 30分钟	邀请大家分享"我希望自己在转型过程中扮演怎样的角色？"	谈话球

场景4　业务创新

凯森慧智花了3年顺利实现了从线下到线上的转型，在市场份额、净利润、运营效率和客户黏性等方面取得了大幅度的提升。但是，随着新媒体、短视频、直播带货、拼购等新兴模式的出现，公司再次面临业务升级、模式创新的挑战。公司迫切需要找到一种全新的商业模式，开启新的赛道。为此，凯森集团的董事长决定亲自挂帅，带领凯森慧智以及凯森集团下属其他子公司的核心高管层一起探索新的商业模式。

团队可能面临的挑战

- 因为现有的子公司和业务发展正盛，回报良好，大家缺乏创新的紧迫意识和动力。
- 部分人对新玩法充满热忱和渴望，急于抄袭和复制别人的模式，体现不出独有的竞争优势。
- 部分人对于各种新玩法持怀疑和抵触态度，认为没有必要跟风，不如做好自己的主业。
- 担心新模式会占用较多的资金和资源，从而影响集团的主营业务。

- 担心新模式不但不能更好地服务客户，反而会影响客户体验，导致失去现有的客户群。

管理者的 GREAT 思考问题单

在探索新的商业模式的过程中，凯森集团的管理层可以带着以下问题去思考和探索。

Get 汲取信息

- 行业内有哪些商业模式？
- 哪些是过时的？哪些是主流的？哪些是相对超前的？
- 当下的商业模式处于哪个阶段？和其他模式相比，我们的模式有什么特点？

Reflect 反思现状

- 当下进行商业模式创新、布局新赛道的必要性有多大？
- 如果此刻不着手准备，会失去什么？
- 如何设计一个健康、良性且有吸引力的商业模式？应该从哪些角度去构思？

Explore 探索新机

- 我们的客户都有谁？还有哪些客户没有被我们服务到？
- 我们可以给客户带来什么价值？我们的特点和优势是什么？
- 我们如何找到客户？如何让客户知道我们的产品和服务？
- 我们如何开发、维护客户？
- 我们靠什么挣钱？哪些会成为我们的收入部分？
- 我们需要的资源有哪些？其中核心的部分是什么？
- 为了实现我们的商业构想，我们需要构建怎样的业务流程？

- 我们需要和哪些生态伙伴进行合作？获得怎样的支持？
- 我们的成本构成是怎样的？如何控制成本、保证利润率？

Assimilate 整合策略

- 基于前面的分析，我们可以尝试什么样的商业模式？
- 哪些模式与我们的使命相契合？
- 哪些模式能够体现我们的优势和竞争力？
- 哪些模式能够给客户带来更好的体验？

Transform 转化行动

- 我们要如何向投资人讲述新的商业模式？
- 我们要如何向市场和客户介绍新的商业模式？
- 后期要如何让新的商业构想落地？可分为几个关键步骤？

共创会设计概述

凯森集团将业务模式创新视为新一年的重点项目，为此，集团特意安排所有分/子公司的高层共同召开一场以"业务创新探索"为主题的赋能共创会，设计思路如下：

人数	25人	时长	5小时
3H 目标设定			
Heart 树立什么信念	必须尽快布局新的商业模式，为公司寻找新的业绩增长点		
Head 坚定哪些想法	未来的市场趋势、潜在的商业机会、自身的优势和竞争力、新商业模式的雏形		
Hand 执行哪些行动	新商业模式策划书、下一步市场调研计划		
结构化思维及引导工具	商业画布、波浪趋势分析、外交大使式分享、世界咖啡等		

O-GREAT-E 共创会全景流程

场景4 业务创新共创会

流程	议题和时间	关键步骤和产出	引导工具
Open 开场联结	开启新赛道 10分钟	问题：现在着手布局新商业模式，进入新赛道的必要性？ 采用1~10分刻度衡量的方式进行调研，各自在相应位置投票做标记	入场调查 刻度衡量
Get 汲取信息	引入方法论 40分钟	集体研习商业画布的相关知识和案例，从"客户细分、价值主张、渠道通路、客户关系、收入来源、关键资源、关键活动、重要伙伴、成本结构"九大模块的框架中汲取思路和方法	外交大使式分享
Reflect 反思现状	行业扫描 40分钟	盘点在行业内已经出现的商业模式，按照"过时-主流-新潮-先锋"的视角进行扫描； 将全体伙伴分成四组，每组独立完成整个波浪四个阶段的研讨。书写卡片，贴在波浪的相应位置； 集体对每个阶段做分享、整合和形成共识。确定自身的商业模式现在处于哪个阶段，如何打造出上升阶段的新商业模式？	波浪趋势分析

（续）

流程	议题和时间	关键步骤和产出	引导工具
Explore 探索新机	策略创新 80分钟	依据商业画布的九大模块，对新的商业模式进行研讨和共创； 将大家分成9个小组，分别负责一个模块的研讨。按照世界咖啡的模式多进行几轮交互	世界咖啡
Assimilate 整合策略	评估方案 60分钟	基于前期的研讨，整合提议可能的商业模式。要求：与公司的使命相契合、充分体现自身的优势和竞争力、具有行业的独创性、能够给客户带来更好的体验、成本和资源可控； 分成3个小组进行研讨、提案； 按照上述5个标准进行加权评估和排序筛选	头脑风暴
Transform 转化行动	模拟路演 50分钟	邀请各个小组模拟向投资人和董事会进行方案路演，演讲内容包括但不限于：潜在市场规模、独特优势、用户群、渠道铺设、投资回报等内容； 先用白板纸设计商业模式策划书，再派代表上台演说	手绘海报
Ending 总结承诺	一句话简评 20分钟	所有伙伴围圈而坐，接龙畅享"投资人、同行、客户在听到我们的商业模式提案后，会说什么？"	谈话球

共创会常用桌型——岛屿式摆放

共创会常用桌型——圈椅式摆放

共创会现场五颜六色的视觉体验

共创会现场丰富的味觉体验

共创会现场的触觉体验——乐高

共创会现场的触觉体验——毛毛根

共创会现场的讨论区域

共创会现场的书写区域

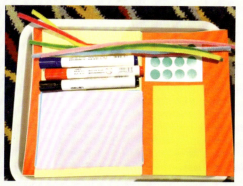

共创会现场的书写物资——小托盘

共创会现场的内容沉淀区域

共创会现场的共创区域

共创会现场的活动区域

| 彩色卡纸 | 胶泥 | 美纹胶带 | 引导布 |

| 谈话球 | 毛毛根 | 3M喷胶 | 投票点点 |

共创会现场的常用物料